Rudolf Oesten, Rudolf Oesten

Die Verfasser der altfranzösischen Chanson de geste Aye

dAvignon

Rudolf Oesten, Rudolf Oesten

Die Verfasser der altfranzösischen Chanson de geste Aye dAvignon

ISBN/EAN: 9783743483279

Hergestellt in Europa, USA, Kanada, Australien, Japan

Cover: Foto ©ninafisch / pixelio.de

Manufactured and distributed by brebook publishing software (www.brebook.com)

Rudolf Oesten, Rudolf Oesten

Die Verfasser der altfranzösischen Chanson de geste Aye

dAvignon

AUSGABEN UND ABHANDLUNGEN

AUS DEM GEBIETE DER

ROMANISCHEN PHILOLOGIE.

VERÖFFENTLICHT VON E. STENGEL.

XXXII.

DIE VERFASSER

DER

ALTFRANZÖSISCHEN CHANSON DE GESTE

AYE D'AVIGNON.

VON

RUDOLF OESTEN.

MARBURG.
N. G. ELWERT'SCHE VERLAGSBUCHHANDLUNG.
1885.

Herrn

Professor Dr. Edmund Stengel

in dankbarer Verehrung

gewidmet.

Die Anregung des Herrn Prof. Dr. Stengel war für die Entstehung dieser Arbeit besonders förderlich. Meinem verehrten Lehrer daher an erster Stelle aufrichtigen Dank. —

Die Herausgeber der uns in einer einzigen Handschrift erhaltenen altfranzösischen Chanson de geste »Aye d'Avignon«, F. Guessard und P. Meyer (Anc. poèt. d. l. Fr. T. VI, Paris 1861, S. III ff.), schreiben in der Préface die Composition des Gedichtes zwei Verfassern zu, und zwar stellen sie die Thätigkeit der beiden Dichter als auf einander folgend und aneinanderreihend hin. Durch eine äusserliche Grenze p. 71 v. 2289 [1]): »Encor ne faut pas si, ce sachie[z], la chançon« theilen sie das Gedicht in zwei Hälften, deren erstere von einem geschickteren Autor, deren letztere von einem schwächeren Fortsetzer herrühre. Verwiesen wird dafür von ihnen auf die unwahrscheinlichen Berichte des 2ten Theiles, wie auf einige inhaltliche Widersprüche.

An der Hand dieser Gesichtspunkte machte ich den Versuch, die Sprache der beiden Dichter einer Vergleichung zu unterziehen. Ich gelangte dabei aber zu Wahrnehmungen, welche mit der vorstehend angeführten Annahme der Herausgeber nicht vollkommen übereinstimmen. Diese Wahrnehmungen will ich im Folgenden zu begründen versuchen.

---

[1]) In der Ausgabe bleibt übrigens die Verszählung von p. 29 an um 1 Zeile, von p. 43 an um weitere 5 Zeilen zurück.

sans barbe, En l'escu de son col ot paint .i. gent miracle Ainssi com Nostre Sire resuscita saint Ladre.

§ 4. Die Herkunft der Kleider und Stoffe betreffende:

Th. I: 3,57 Et elle ot .i. bliaut d'orienne vestu — 7,192 Elle avoit afublé .i. grant mantel hermine La vousure est d'un paile vermeil d'amoravine, — 29,916 Et remest au bliaut de porpre d'Aumarie — 45,1454 Richement portendue de bon paile d'Otrentre — 66,2129 Il ne fust pas si lié por tot l'or d'Arragon.

Th. II: 114,3697 .i. bliaut d'Abilant à oysiaus colorez.

§ 5. Herkunft eines Ringes oder Edelsteines betreffende:

Th. I: 62,2008 De paradis terrestre l'avoit on aportée.

Th. II: 75,2424 .i. anelet d'or fin ot en son petit doi A .i. grain d'Aumarie, ja mellor ne verrois.

§ 6. Herkunft von Personen betreffende (Erwähnung von Verwandtschaften):

Th. I: 10,297 Es Girart de Rivier ou descent au degré, Qui tint Hui et Naumur et Dinant et Ruisé. Et cil fu niez Garnier et de sa seror nez, D'une fille c'ot Do de Nantuel, li barbez. — 20,636 (Cil furent fil Maquaire, se l'estoire ne ment.) — 21,651 Auboyn fu ou champ, qui fu frere Milon, Et fu cousin Maquaire et neveu Ganelon. — 30,952 Antoine fu mon frere, li sire d'Avignon; Or le ferai savoir Anseis et Droon, Renier et Fouquerans, fiz Garin de Mascon, (Tuit cil sont mi cosin, ne ja ne me faudront) Et Achar de Mesines et Thiebaut de Chalon. — 41,1303 (Cil fu fiz Haguenon et cosins Berengier). — 68,2191 Icil fu li ainz né de toz les fiz Marcille, Et tint Pine et Toleite, Tudele et Aumarie.

Th. II: 96,2408 Amis fustes vous nez a Monlaon en France: Nenil, ce dit Ganor, mais en Vermendois, dame. — 101,3278 Ganor li Arrabi fu de moult grant estoire: L'amirant fu son oncle, qui tenoit Babiloine, Et est cosin germain de l'amirant de Corde.

§ 7. Herkunft von Pferden und Maulthieren betreffende:

Th. I: 34,1087 Le jor sist Berengiers seur Estoudin norois. — 34,1089 Girars en Argon le danois. — 34,1097 Guinemer seur Baucent l'arabi. — 29,914 Ainz descendi a terre du mulet de Sulie. — 47,1522 La dame font monter sor .i. mul de Sulye. — 49,1449 Es palefrois amblans et es mulz d'Aquilante.

Th. II: 89,2867 Tiex .M. chevaus enmeinne et sejornez et cras Le pire fust vendu a Pavie .C. mars. — 91,2950 un destrier de pris Qui fu a Terraconne en Espengne conquis. — 92,2986 destrier arragon. — 94,3038 destrier gascon. — 82,2647 .m. mul espeignois.

§ 8. Ausserdem wird noch erwähnt: 1) Der Erbauer eines Gefängnisses:

Th. I: 36,1139 Et mener en la chartre que fist Salmancus, Uns des [felons] Juïs par qui Diex fu vendus.

2) eine fremde Blume:

Th. I: 53,1723 flor d'aquilante.

§. 9. An folgenden Stellen finden sich ferner Beschreibungen von **Personen** und **Körpertheilen**:

Th. I: 35,1128 L'enforcheure ot grosse, moult fu grant sa vertus, Et le visage cler, les eux vers et agus Bien semble estre faucons qui de mue est issus¹) — 56,1796 Et ot la barbe longue et fenestré le chief Et escharpe à son col et .i. funt de paumier — 62,1991 Qui ont les barbes reses, (les) coifes el chief fermées — 62,1995 .iii. fois s'escrie a sa vois qu'elle ot clere — 66,2147 A sa voix qu'il ot clere — 62,2001 La dame le connut, qui ot la face clere — 34,1088 Qui le chief et le col ot si blanc comme noif — 16,483 Quant son neveu le voit, Girars chiere hardie — 16,507 u. 26,820 Roillans (Guinemer) a la chiere membrée.

Th. II: 72,2316 Mais le vis de devant ot il (sc. Ganor) cler com fin or Par espaules fu lés, moult ot bien fet le cors, Grailles par la çainture et de moult biau deport, Les mains beles et blanches, et si ot gros le col — 75,2423 Sa mein est belle et longue et blanche comme nois — 118,3891 La char avoit (sc. Aye) plus blanche que n'est la flor de lis Et la face vermeille com botons espanis Le cors a droit compas, s'ot deliés sorcis Les bras fais a mesure et ot les dois traitis — 106,3417 Il orent les cors gens et les vis acesmez — 72,2346 Ce li respont Boydes qui la barbe ot florie — 74,3394 La dame vit la barbe qui au pis li ventele Qu'il avoit bele et blanche .... Et la char blanchoier par de desor la chiere — 124,4011 A sa vois qu'il ot clere commença a huchier — 110,3555 Bien connurent Guyon a la chiere membrée — 112,3629 Par le convent Ganor a la chiere hardie — 113,3638 Adont parla Guyon a la chiere hardie — 125,4054 .... Ganor a la chiere hardie.

§. 10. Beschreibungen von **Ausrüstungsgegenständen**:

Th. I: **espée**: 14,434 A ceste moie espée dont a or est li pon — 15,453 Et a traite l'espée dont a or est le pon — 46,1491 Berengiers tint l'espée dont li pon fu a or Parmi le chief amont cuida ferir Ganor — **haubert**: 12,356 Il vesti .i. haubert dont blanche fu la tire — 34,1101 En son dos ot vestu .i. blanc haubert treslis — 3,52. 31,1004 .iii^c. chevaliers, les blans haubers vestus. — **elme**: 34,1102 Et lacie en son chief .i. vert elme bruni. — **escu**: 34,1103 En l'escu de son col pent .i. lioncel bis — 35,1107 Fendent soi les escus pains d'azur colori — 66,2126 En l'escu de son col avoit peint .i. lyon. — **esperon**: 66,2144 esperons a or. — **boucle**: 66,2133 Desor la boucle d'or. — **cercle**: 17,521 Le cercle li trancha qui fu de bonne ouvrée. — **cor**: 65,2092 .... cor d'olifant.

Th. II: **espée**: 108,3499 Et caignent les espées dont li pont sunt massis. — **haubert**: 85,2766 A tot .iii.^m hommes, les blans haubers vestus. — **escu**: 84,2735 En l'escu de son col ot paint .i. gent miracle Ainsei com Nostre Sire resuscita saint Ladre Il le mist a son col par la guinche de paille — 87,2809 Fendent tous les escus painz d'azur de quartier — 92,2969 A .iiii. bendes d'or sont bendez lor escus. — **broigne**: 84,2731 Il vesti une broigne fort et tenant et large. — **hante**: 85,2738 Hante ot roide de fresne et espié qui bien taille. — **gant**: 75,2422 Et a trait le gant destre qui estoit a orfrois — 76,2448 Mal vit Aye l'anel et le gant a orfrois.

---

1) Die Vergleiche sind in §. 37 Anm. 1 zusammengestellt.

§ 11. Beschreibung von Kleidern und Stoffen:

Th. I: 29,915 Et laisse aval coler son bon mantel d'ermine. — 57,1858 Coifes orent vermeilles de paille et d'aqueton — 60,1948 Richement sont vestu, a la loi de lor terre De bonnes peaus matrines et de peliçons verre. Le soleil luist es armes et li ors estencele Des garnemens qu'il ont et des frains [et des] selles. — 66,2131 Et fu li jor couvert d'un vermeil ciglaton. — 3,56 La sambue est a or tote d'un chier bofu. — 52,1683 Et drecierent lor voile qui fu blans comme lis.
Th. II: 77,2509 L'enfez fu bien vestu d'un hermin peliçon Par desus .1. bliaut d'un vermell ciglaton. — 82,2646 Rouge or et blanc argent et bons pailes grejois. — 83,2691 Qui ont chauces de paille, bliaus de ciglaton, Et grans piaus marterinnes et hermins peliçons. — 102,3292 Cuirs afublent de cerf a botons d'or desus. — 114,3696 La dame osta ses dras, s'a plus riche endossez, .1. bliaut d'Abilunt a oysiaus colorez De pierres precieuses fu tot entor orlés. Et fu d'un cercle d'or son chief avironnez A riches esmeraudes qui jetent grant clartez. — 118,3821 A la table dame Aye servi Guyon ses fiz En la porpre de soie ovrée a flor de lis. — 115,3737 Sor les tapis s'asieent qui sont a or batu. — 118,3818 Aye et Ganor se sieent sor .1. riche tapis A fin or et a pierres a oyseillons petis.

§ 12. Beschreibung von Kunstwerken:

Th. I: **Schiff**: 54,1752 Et bien enfigurées a testes de dragon De devant ens el chief .xxIII. dragon (Ce fu senefiance que itant rois i sont). — 58,1863 A .1. an tot entier y metent garison, Et y metent de chiens, d'oistors et [de] faucons, Toutes plainnes les males d'or cuit et de mangons, Et au chief par derriere, ou l'estrument metront, Ot une chambre close ou li conte gierront, Et devant, ens ou chief, ot .1. pommel roont, Et .1. ymage paint en guise de dragon, La grant gueulle baée tot droit la ou vront, En la nef ot .III. voiles qui a toz vens corront. — **Pallast**: 68,2211 Les colombes en sont ovrées a or bon, Les pierres et les brasmes resplendor getent grant, Que ja n'i estuet cierge por nulle luor grant (cf. §. 45). — **Wohnung**: 58,1886 Diex ne fist ainz espices ne flors de bonnes herbes Qui ne sente flairor tres parmi les fenestres. — **Gefängnis**: 36,1141 Elle est toute de marbre environ et desus Li leus est moult hideus, tenebreus et oscurs. — **Ring**: 62,2006 Ou ot .II. riches [pierres] precioses et cleres Et la tierce y estoit qui ert vaillant et clere. 2015 En une verge d'or estoit bien seellée.

Th. II: **Thurm**: 81,2638 La tor est grans et haute et blanche comme lis. — **Zimmer**: 78,2515 Et Aye la duchoise fu dedens Avignon En une chambre painte de l'evre Salemon. — **Sarg**: 89,2879 En .II. sarqueus de marbre a porfire entaillié Ilec sont sepelis et bellement coilliés. — **Sattel**: 76,2472 .III. chevaus en menerent, .II. fauves et .1. sor Il lor mistrent le[s] frains et les selles à or.

§ 13.

Den angeführten Stellen gegenüber giebt es im ersten Theile des Gedichtes eine ganze Reihe von solchen, in denen es der Verfasser bei der blossen Erwähnung von Waffen, Kleidern u. s. w. bewenden lässt:

31,957 Premerains est monte dans Girars de Riviers A son col .1. escu, en son poing .1. espié Et va ferir...... 41,1301 L'escu par les enarmes, le gonfanon laciés Vait ferir...... — 1304 L'escu qu'il a au col li a fruit et brisié Et l'aubert de son dos rumpu et desmaillié. —

52,1687 Et il et Aie sistrent par desor .i. tapis; De devant lui faisoit.....
— 44,1425 En .i. moult bel jardin, sous la cité antie La sist li rois Gahor......

§ 14. Ohne auf diesen letzten Umstand besonderes Gewicht zu legen, lässt sich doch unter den übrigen Stellen des ersten Theiles höchstens eine, 12,357 ff. (§. 3), zur Stütze der als Einschiebsel bezeichneten Zeilen 379—82 anführen, und auch in dieser wird die betreffende Zeile 360 als späterer Zusatz betrachtet werden dürfen.

Die Mischung von *ant* und *ent* darf also für diese Tirade einem späteren Überarbeiter zur Last gelegt werden.

§ 15. Tir. 15 (387—96) R.-T.:
[ant — ent].

-ando *ger.* aourant 13,394. -endit 13,389; noblement 13,387. -entem *pr.* atent 13,396; prent 13,390. -ente *s.m.* present 13,388; *f.* gent 13,393. 395. *adv.* bonnement 13,392; legerierement -entit *pr.* sent 13,391.

§ 16. Im Gegensatz zur vorigen haben wir hier eine reine *ent*-Tirade vor uns. Die Herausgeber haben dieselbe ganz richtig von Tir. 14 getrennt, trotzdem P. Meyer von einer *ant*- und *ent*-Mischung in beiden überzeugt war. Aufgefallen ist ihm die unmittelbare Aufeinanderfolge aber sicher, denn er äussert sich in *An et en toniques* p. 263 hierüber:

»Dans Aie d'Avignon deux tirades qui se suivent immédiatement riment l'une en *ant* et l'autre en *ent*. Aucune n'est absolument pure, car la première contient *longuement*[1]) et la seconde *aourant*[2])«.

Das in Tir. 15 störende ger. *aourant* 394 ist, wie in voriger Tirade *longuement* und *Jerusalant*, ohne Schwierigkeit zu entfernen. Die betreffende Stelle lautet nämlich:

392 Et Girars et si homme le sivent bonnement
Qu'il n'i ait traison ni nulle estrange gent.
Quant il ist de la porte, si va Dieu aourant,
395 Et encline le ciel et mercie sa gent
Estez le vous el champ ou Auboins l'atent.

---

1) Von *Jerusalant* neben *longuement* sieht P. Meyer ab, dennoch entspricht der Vocal der Endung einem lat. *e*.

2) Vergleiche über einen analogen Fall im *Raoul de Cambrai*, Ausg. v. P. Meyer und Longnon p. 380 Anm.

Garnier hat sich zum Zweikampf mit Auboyn gerüstet; seine Getreuen führen ihm sein Streitross zu und begleiten ihn zum Thore. Die Verse 394—5. *(aourant* und *gent)* sind überflüssig und machen mit ihrer doppelten Bezeichnung von Garnier's Gottergebenheit den Eindruck einer ungeschickten Interpolation. Für die Unechtheit dieser Verse spricht auch:

1) Neben dem störenden *aourant* schwindet das Reimwort *gent*, welches sich in der nur 10 Zeilen langen Tirade wiederholt. Zwar kommen in der Aye d'Avignon solche Wiederholungen von Reim- und Assonanzwörtern auch sonst vor, aber im ersten Theile sind die betreffenden Verse, wie wir unten sehen werden, meist dem ursprünglichen Dichter abzusprechen.

§. 17. Wie in obiger Tirade kehrt Th. I in Tir. 23. 24. 31. 48. 72. 78. 86 dasselbe Assonanz- resp. Reimwort bei verhältnissmässig kleiner Verszahl wieder, und zwar Tir. 31 und 86 in aufeinanderfolgenden Versen. Zunächst sind es stereotype Redensarten, welche durch ihre Wiederholung eine doppelte Verwendung desselben Reim- oder Assonanzvokals herbeiführen.

23,723. 31 est raison est drois *(cf.* § 25). — 23,725 30 si com vous entendois *(cf.* § 107). — 24,749; 25,787. 90 Si com porrois oïr a petit de largier. — 24,773; 25,781 m'orres noncier *(cf.* § 24).

Ausserdem wiederholen sich:

converse 58,1878. 85 [1]); estre 58,1864. 88 [1]); estres 30,966. 68 [2]); grant 68,2212. 13 *(cf.* §§ 12 u. 45); luisant 63,2027. 28 *(cf.* §§ 22 u. 41 *Anm.* 2); selles 30,971. 72 [1]); terre 58,1877. 79. 80 [1]).

---

[1]) Tir. 72, welcher die sich wiederholenden Assonanzwörter: *converse, estre, terre* angehören, ist für den Fortschritt der Handlung entbehrlich. Tir. 73 bildet die directe Fortsetzung von 71.

[2]) Das sich wiederholende Reimwort *selles* gehört einer Tirade an, in welcher die breite Naturschilderung auffällig ist. Die betreffende Tir. 31 lautet:

30,965 Es bruis de Lorion, es vaus de .m. terres La cort l'eve d'Orfunde qui bruit parmi les estres. De pins et de loriers i fu la bruille belle; D'ostors et de faucons y treve l'en les estres. Ilec perent les flors de maintes belles herbes De quoi font les mecines li mires de Salerne. Li destriers ravineus il trestornent lor selles [Et] rompent et traïnent

Dieselbe Erscheinung tritt uns nun im II. Theile in weit ausgedehnterem Masse entgegen.

Tir. 91. 95. 96. 97. 100. 115. 119. 135. 137. 141. 154. 157. 178 zeigen Wiederholungen von Assonanz- resp. Reimwörtern, darunter Tir. 100. 141. 154 solche in unmittelbarer Aufeinanderfolge. Ich begnüge mich mit Anführung solcher Reim- resp. Assonanzworte, die genau in derselben syntaktischen Geltung wiederkehren und auch eine merkliche Nuance der Bedeutung nicht erkennen lassen.

[et] lor frains et lor selles; Quant li cheval là marchent, itant souef lor faire Remembre[r] vos péust de paradis terrestre.

Solche Naturbeschreibungen sind wiederholentlich in beiden Theilen in die Erzählung eingewebt. So finden sich:

Th. I: 29,929 Parmi ce leu gasté, en cele desertie Ours y a et lyons et pors et sauvagine. — 31,999 Es bruis de Lorion fu li chaples tenus Li cheval ravinois i traïnent lor bus. — 40,1279 François sont herbegiés es plains de Landemore, Et tranchent les jardins dont il firent lor loges, Tendent lor paveillons o les pons d'or a cordes. Kurles vit le chastel que .11. eves encloent, Et d'autre part la mer, qui le navie enporte De Puille et Sezille et de vers Babilone. De Surtre et de Calabre et de Costentinnoble. Les murs durs et espès desous la roche sore, Les tors hantes et brunes du tens Costentinnoble (cf. § 20 Anm.). — 44,1415 Seignor, en celle terre conversent la gent sore, l'inconet li petit qui ont les testes grosses; Porquant si ont il guerre as paiens de Muiogre. Seignor, icelle terre, elle est tote par illes, Et de bones cités menant et replenies De rouge or et d'argent et de pailes d'Aufrique, De beuz et de bestaille et d'autre manantie. — 50,1609 A la mestre chaenne ou les colombes sont Morinde fu saisie ou chief de .111. mons; .11. [eves] fors et rades li corent environ, De par trestote Espengne amainnent garison. Les murs en furent tous asmans et macedon, Que tors y ot moult grans entor et environ, Estre la maistre selle le roi Marcillion. Qui tient tres bien de lonc le trait a un bojon Ça dehors est la place, estoit droit au perron; .111. loriers y a de moult belle façon, Ilec porparla Ganes la mortel traïson Dont morurent a glaive li .x11. compaignon. Si grant vertu i fist Damediex por Karlon Que des loriers qui furent la planté environ Ains puis n'en porta nul ne foille ne boton, Et si sont trestuit vert de terre jusqu'en son. — 55,1761 En la roche conversent li cinge et li brobon En l'autre desertine li ours et li lyon Se trestuit cil du mont estoien environ, Nen luiroient il gieus ne fable ne chançon, Et que en la douce aigue ne prengne[nt] le poisson Et ne prengnent le cerf en la forest d'Argon.

Th. II: 87,2818 La fors de la cité ot .1. bruel de sapin, Et une grant chapele du baron saint Martin, Et .1. viel cimetiere ou fourchent .111. chemin, Et une gente crois sor .1. perron marbrin, Une fontaingne i sort desous l'ombre d'un pin. — 96,3104 Iluec ot .1. bel ombre tot droit desous .1. arbre L'erbe i est belle et fresche de jons [et] de mentastre.

acier 123,3996. 98 – 124,4024; Baudus 105,3363. 88. 93; chal 96,3092. 96; deport 72,2318. 23. 27; destrier 124,4004. 10. 16; estre 74,2385. 93. 95; faire 74,2392. 400; fin 86,2791. 97. 800; Garnier 124,3015. 29; lors 71,2315 — 72,2322. 25; maintenant 95,3057. 62; marchis 98,3168. 69; message 77,2484. 65; mot 88,2841. 48; ore 73,2371. 74; penilence 74,2410. 16; plenier 123,3994. 4001; terre 74,2384. 99 — 104,3350. 53.

§ 18. Aber noch durch einen andern Umstand werden wir bei der Betrachtung von v. 395 auf den Verfasser des II. Theiles hingewiesen, nämlich:

2) *Et encline le ciel et mercie sa gent*[1]) ist eine im II. Theile genau wiederkehrende Redensart. Der Dichter legt 97,3153 dem sterbenden Garnier dieselben Worte in den Mund. Diese auffällige Übereinstimmung in der Ausdrucksweise steht nicht vereinzelt da, es begegnen uns vielmehr noch eine ganze Reihe von Redensarten, genau so, oder wenigstens ähnlich, in beiden Theilen.

§ 19. Der Dichter drückt in überschwänglicher Weise einen Gemüthszustand aus:

Th. I: 10,283 Et Aye fu dolente, onques mes ne fu si. — 20,615 Onques mes n'ot tel duel en trestout son vivant (*cf.* §. 31). — 68,2198 Onques mais si grant duel n'entra en paiennie.

Th. II: 107,3459 Ganor s'esjoï ... De Garnier, qui est mors, onques mes ne fu si. — 115,3714 Onques mais n'ot tel joie des l'eure qu'il fu nes.

---

1) Viele Stellen der Aye d'Avignon, die Gottvertrauen bekunden, sind als Betheuerungen, Beschwörungen oder Verwünschungen dem allgemeinen epischen Stil geläufig.

(Einige Beispiele der Aye d'Avignon führt Konrad Tolle an: »Betheuern und Beschwören in der altrom. Poesie«; jedoch konnte er bei dem umfangreichen Stoff lange nicht erschöpfend sein.) In weit überwiegender Mehrzahl sind Belege vorhanden, in denen Gott (9,267; 19,600; 23,727; 25,802; 27,875; 28,907; 33,1064; 38,1232; 91,2959; 96,3113; 108,3495; 109,3538; 111,3596; 111,3598; 112,3617), Christus (16,497; 18,551; 20,616; 43,1387; 111,3575; 112,3615; 112,3627), Maria (8,222; 26,838), Heilige (14,422; 39,1263; 56,1817; 57,1841; 116,3769; 117,3783), Muhamet (46,1481. 88; 51,1647. 58; 53,1715; 59,1917) angerufen werden; daneben finden sich solche, wo bei allem, was dem Menschen heilig oder werth ist (23,719; 5,119. 123; 9,253; 21,647; 30,951; 57,1628; 74,2402; 75,2429. 43; 89,2886; 91,2952; 109,3520; 110,3564; 112,3627; 113,3651), betheuert wird. Verwünschungen finden sich häufiger beim Dichter der Fortsetzung (5,137; 30,957; 43,1366; 47,1511; 82,2667; 64,1705; 88,1842; 110,3549; 122,3939).

§ 20. Der Dichter bedient sich einer **bildlichen Ausdrucksweise**, braucht *chauf et chevelu* als *pars pro toto*:

Th. I: 3,66 Ja ne garra de mort ne chauf ne chevelu.
Th. II: 103,3320 Ja n'i porra garir ne chevelus ne chaus. — 117,3773 Ja n'en aura garant ne chauf ne chevelu. — 117,3799 Ne chauf ne chevelu ja n'i deporterons [1]).

§ 21. Der Dichter spricht vom **Schatten eines Baumes**:

Th. I: 55,1786 Li bers se destorna en l'ombre d'un vergier.
Th. II: 87,2622 Une fontaingne i asort desous l'ombre d'un pin. — 88,2856 Cil les fist desarmer desor l'ombre d'un pin. — 92,2962 Garniers est descendus desous un pin foillu. — 96,3104 Iluec ot .i. bel ombre tot droit desous .i. arbre.

§ 22. Der Dichter leitet **Zeitbestimmungen** mit *ce fu a* ein:

Th. I: 11,343 Ce fu a une feste du Baron Saint Basile. — 34,1081 Ce fu a un matin que leva li solois. — 55,1782 Ce fu a une feste du baron Saint Michiel. — 63,2027 Ce fu a un matin au cler soleil luisant (cf. § 17). — 68,2209 Ce fu par un matin que solaus est raiant (cf. § 45). — 69,2241 Ce fu a une feste saint Jean le baron.
Th. II: 80,2581 Ce fu a unes Pasques que yver se fenist. — 98,3170 Ce fu a Pentecouste une hautime feste. — 104,3366 Ce fu .i. samedi ....

---

1) Anmerkungsweise sei hier erwähnt, dass, wie Tobler (»Verblümter Ausdruck und Wortspiel in afr. Rede«, Sitzungsbericht der Königl. preuss. Acad. d. Wissensch. 25. Mai 1882 p. 11) anführt, Th. I 13,408 steht:

Il broche le destrier des tranchans esperons,
Et Garnier le fauvel qui li cort de rendon,

während 40,1300 (*Diex! com il fu armez seur Fauvel, son destrier*) und 41,1326 (*Il a brochie Fauvel tout une rendonnée*) Fauvel wie in Th. II 95,3076 (*Li bers Garniers l'enchauce sor Fauvel son destrier*) und 95,3085 (*A terre l'abatirent de Fauvel son destrier*) als Eigenname behandelt wird. Was 13,408 betrifft, so ist nichts dagegen einzuwenden; die beiden andern Stellen des I. Th. sind wohl aber als Interpolationen von Th. II zu betrachten. Hierfür spricht besonders der Umstand, dass 1300 einer sonst fast reinen Assonanztirade auf *ié* angehört, in welcher bereits 2 Reimwörter auf *iér* der Zeile 1300 vorbergehen, und 1326 sich in einer fast reinen, also wahrscheinlich interpolirten Reimtirade auf *ée* befindet.

Zu p. 20 ff. (550 ff.) derselben Schrift, wo Tobler die Wortspiele mit Ortsnamen bespricht, wäre wohl auch noch auf das in Aye d'Avignon p. 40,1285. 87 nahegelegte Wortspiel *Costentinnoble* und *Costentin noble* hinzuweisen.

Cf. **Partonopeus** 4561 Lesart der hs. P. Ausg. u. Abh. XXV, Pfeiffer's Dissert. Nr. 129 p. 23.

§ 23. Der Dichter spricht von der Zeitdauer, in der eine Fahrt zurückgelegt ist:

Th. I: 44,1412 Mais ne sai si corurent .xv. jors ou .xiii. — 52,1684 Mais ne corurent [mie] .i. mois ne .xv. dis.

Th. II: 100,3238 Mais ne corurent pas .i. mois ne .xv. dis En .iii. jors ariverent. — 108,3485 Il ne corurent pas .i. mois ne .xv. dis En .iii. jors arriverent.

§ 24. Der Dichter sucht Neugierde zu erregen, indem er auf etwas Zukünftiges hinweist:

Th. I: 7,204 Ci vient bone chançon s'il est qui la vos die. — 23,743 Or vient bonne chançon mesque vos entendois (*cf.* § 103) James par jougleor nulle meillor n'orroie. — 2,89 Si com porrez oïr a petit de demor. — 24,749; 25,790 Si com porrois oïr a petit de targier (*cf.* § 17). — 25,787 Ja dira tel parole a petit de targier (*cf.* § 17). — 24.773 Par si faite raison com ja m'orrez noncier (*cf.* § 17). — 25,781 Mes ce fu puis sanz foi, si com m'orrez noncier (*cf.* § 17). — 27,860 Si com porrois oïr ainz qu'i soit avespré. — 55,1777 Or vos lairons ici du Roi Marcillion De Gunor l'Arrabi, des .ii. fiz Ganelon, Si chanterons de France, du riche roi Karlon, Et du bon chevalier, Garnier le fiz Doon Comme il se mist en grant por Aye d'Avignon.

Th. II: 100,3221 Or vient bonne chancon, c'il est qui la vos die De Guy le fiz Garnier et de la paiennie, Si com li fist secors a sa mere et aïe. — 108,3477 Huimais vient la chançon de la joie honorée, Du merveillous secors que Guy fait a sa mere. — 127,4129 Huimes commencera estoire a amender De la painne Guyon le fiz Aye le ber. — 116,3751 Si com porrois oïr se je sui entendus. — 71,2289 Encor ne faut pas si, se sachie[z] la chanson; Qui plus n'en chanteroit du miex i laroit on, D'estors et de batailles et de grande tençon, Et du merveilleus duel que [li] Sarrazin font, D'Aye qu'il ont perdue et de ceux qui s'en vont. — 79,2570 Et qui jusqu'en la fin orroit tot le rommans, Dame Aye la duchoise ne perdi puis noiant. — 83,2683 Moult sot bien de la guerre cil qui fist la chançon.

§ 25. Redensarten aus besonderen Wortverbindungen bestehend:

a) *force et vertu.*

Th. I: 3,54 Et font ses chevaus traire a force et a vertu. — 3,69 Qui maintiegne la terre a force et a vertu. — 18,545 Par force et par vertu du brunt forbi d'acier. — 42,1340 Et François les enchaucent a force et a vertu.

Th. II: 102,3282 Mais Baudus les toloit par force et par vertu. — 103,3327 Et tuit nagent ensemble a force et a vertu.

b) *droit et raison.*

Th. I: 14,430 Prest le sui de monstrer a droit et a raison. — 22,690 Qui la déust avoir par droit et par raison. — 22,692 Bien la déust avoir par droit et par raison — 23,716 Et le voudrent ocire, si est droit et reison. — 23,723 Barons, dit Karlemaines, bien est raison et drois. — 23,731 Son frere le descorpe, si est raison et drois (*cf.* § 17).

Th. II: 75,2441 S'en porterez du nostre, qui est raison et drois.

§ 26. Die Gewalt, mit der der Sieger im Zweikampf seinen Gegner zu Boden wirft, wird mit denselben Redensarten geschildert:

Th. I: 64,2078 Desous la boucle d'or li peçoie et confont, Et l'aubert de son dos li [des]maille et deront; El cors li met le fer o tot le gonfanon, Tant com hante li dure l'abat mort el sablon — 66,2133 Desor la boucle d'or li pecoie et confont, le blanc haubert du dos li desmaille et deront, Ou cors li met le fer o tot le gonfanon, Tot li tranche le cuer, le foi et le pomon, L'eschine de son dos li met en .n. tronçon, Tant com bante li dure, l'abat mort et sablon.

Th. II: 94,3045 Desor la boucle d'or li peçoie et confont, Et l'aubert de son dos li desmaille et deront; Ou cors li met le fer o tot le gonfanon, Tout li tranche le cuer, le foie et le pomon, Tant com hante li dure l'abat mort et sablon.

§ 27. Gleiche Beschimpfungen:

Th. I: 24,746 Que li envoia Mille, le felon pautonnier. — 20,644 Tost en orent le pis li felon soudoiant (cf. § 33).

Th. II: 124,4008 Guyon choisit Milon le felon pautonnier. — 121,3910 Arrester les fet Milles, le felon soudoiant.

§ 28. Alle in den §§ 19—27 aus Th. I angeführten Stellen sind für den Fortschritt der Handlung entbehrlich und können entweder, wie bei der weitaus grössten Mehrzahl der Fälle, gestrichen oder leicht gekürzt werden, wenn ich auch keineswegs behaupten will, dass sie darum alle in der Originalredaction gefehlt haben müssten. Sie können daher die Annahme, dass in den Versen 394,59 eine Interpolation vorliege, nicht entkräften. Nach Entfernung der betreffenden Verse ist die Mischung von *ant* und *ent* beseitigt.

§ 29. Tir. 21 (613—50) A:R-T.:

[amp — ant — anz — ent].

-**ampum** champ 20,633. 40; 21,650. -**andis** *a. m.* grant 20,623. -**ando** *ger.* paumoiant 20,629; tarjant 20,627. -**ante** *adv.* avant 20,628. 30; devant 20,625. -**antem** *s.* soduiant 20,622; vivant 20,615; *a. m.* poissant 20,616; *p. m. n.* combatant 20,632; *f. o.* resortant 20,624. -**antes** *s. n.* parant 20,635; souduiant 20,644. -**endit** entent 20,613; estent 20,643; fent 20,620; pent 20,634. 21,647; prend 20,638. -**ente** durement 20,626; enragiement 20,618; ensement 20,621; laidement [*ahd.* leid] 21,646; roidement 20,619; noiant 20,617; ynellement [*ahd.* snel] 20,642. -**entit** consent 20,631. -*entit ment 20,636. -**entum** *o.* delaiement 20,639; encommencement 20,645; jugement 21,649; piment 21,648; *num.* cent 20,641.

§ 30. Vorliegende Tirade enthält ebenso viele Fälle mit *ent* als deren mit *ant*. Die von P. Meyer auch hier behauptete Mischung zu entfernen, ist schwieriger als in den vorigen Fällen,

aber dennoch möglich. Das Verfahren P. Meyers bei einer anderen Tirade unseres Gedichtes zeigt uns den Weg [1]).
Durch Spaltung der Tirade in 3 Theile gelangen wir zu einer strengen Scheidung von *ant* und *ent*. Dieselbe ergiebt:

von v. 613—21 eine *ent*-Tirade,
„ „ 622—33 „ ant „
„ „ 634—50 „ ent „

Alle drei Abschnitte bedürfen jedoch wie Tir. 14 u. 15 der Reinigung.

§ 31. 1) Tir. 21a (613—21) *ent*.

Da wir nach P. Meyer's Untersuchung von *noiant* v. 617 (neben *covant, dolans, escient, orient, sans, serjans, talans, tans*) absehen können [2]), so bleibt zur Herstellung einer reinen *ent*-Tirade nur v. 615 *vivant* ein Hinderniss. — Nachdem wir er-

---

1) P. Meyer: »An et En toniques« p. 264 Anm. 1 sagt nämlich von Tir. 67 (p. 53) unseres Gedichtes:
»La tirade ici indiquée commence au v. 1717 (v. 1722 *nach richtiger Zählung*); elle a été réunie à tort à celle qui précède«.
Eine Theilung dieser Tirade ist allerdings nothwendig, da $ai_n...e$ und $e_n...e$ im ersten Theile unseres Gedichtes (der zweite kennt gar keine $ai_n...e$-Tirade, zeigt aber in seinen $a_n...e$-$e_n...e$-Tiraden auch keinen einzigen Fall von $ai_n...e$) scharf getrennt sind. Aber die $e_n...e$-Tirade mit 1722 (d. h. 1717 d. Ausg.) beginnen zu lassen, ist misslich, da die Assonanzen der Zeile 1719. 20 ebenfalls $e_n...e$ aufweisen und in einer $ai_n...e$-Tirade unzulässig sind. Das Assonanzwort der Zeile 1721 *Elainne*, welches P. Meyer zu seiner Theilung veranlasst haben wird und in der That in einer $e_n...e$-Tirade nicht stehen darf, lässt sich leicht entfernen (cf. § 61 Anm. 1). Wir behandeln der Theilung gemäss v. 1702—18 demnach als Tir. 67a in § 71; v. 1719—43 als Tir. 67b in §§ 60. 61.
Auch noch an andern Stellen vereinigt die Hs. und mit ihr die Ausgabe zwei Tiraden zu einer einzigen. So ist Tir. 53 (p. 42) in eine $a_n...e$- und eine $e_n...e$-Tirade (cf. § 54), Tir. 92 (p. 72) und Tir 138 (p. 96) jede in eine $ai...è$- und eine $a...e$-Tirade (cf. §§ 75. 77) zu zerlegen. Durch diese Tiradenspaltung erzielen wir vierzeilige Tiraden, zu deren Annahme wir insofern berechtigt sind, als uns p. 71 in Tir. 90 noch ein derartiger Fall entgegen tritt.

2) Cf. P. Meyer a. a. O. p. 273.

fahren, dass Garnier dem Auboyn ein Ohr im Kampfe abgehauen hat, fährt der Dichter fort:

> v. 613 Auboyn a grant duel quant la parole entent,
> S'oreille voit a terre, dont a le cuer dolent;
> Onques mes n'ot tel duel en trestout son vivant.

Ohne dass der Fortgang der Handlung eine Unterbrechung erleidet, kann der letzte Vers fehlen; wir haben in ihm nur eine schwache Wiederholung des vorigen Verses vor uns (cf. § 17). Die ganze Tirade lautet daher auf *ent* aus.

§ 32. 2) Tir. 21b (622—33) *ant*; *amp*.

Zwei Verse: 626 *durement* und 631 *consent* stören die a_s-Assonanz, aber auch diese erweisen sich als überflüssig:

> v. 624 Mes l'espee torna si comme en resortant
> Fors du poing li vola malgre son nes devant
> Adont fu Auboyn esbahi durement
> Repenre la cuida, mes trop ala tarjant,
> Que Garnier de Nentuel l'avoit levee avant.

Der Dichter schildert uns in lebendiger Rede den Höhepunkt des Kampfes zwischen Garnier und Auboyn. Letzterer ist im Vortheil, würde sogar gesiegt haben, wenn er nicht durch eine Drehung des Schwertes dem Gegner eine Blösse gegeben hätte. Durch Wegfall des nichtssagenden Verses: »*Adont fu Auboyn esbahi durement*« wird die Schilderung nicht beeinträchtigt, wenn auch der Ausdrucksweise der voraufgehenden Zeile damit noch nichts von ihrer Anstössigkeit genommen ist.

v. 631 *consent* steht in folgendem Zusammenhang:

Nachdem Garnier seinem Gegner das Schwert genommen, ruft er ihm zu:

> v. 630 A Auboln escrie: »dans glos, n'irez avant;
> Ça me lerez la teste, si Diex le me consent.

Mit Unterdrückung des zweiten Verses kann man anstandslos zu lesen fortfahren:

> v. 632 Mes Auboln estoit hardis et combatant,
> Vers son cheval s'adresse qui se gesoit el champ.

Hiermit ist auch hier die Mischung für diese Tirade beseitigt.

In dem in dieser und schon in Tir. 14 auftretenden *champ*, welches den Reim auf *ant* stört, erblicke ich einen Beweis dafür, dass die Aye d'Avignon ursprünglich in **Assonanzen** abgefasst war.

§ 33. 3) Tir. 21c (634—50) *ent.*

In diesem Abschnitt müssten *champ* v. 640. 50 und *souduiant* v. 644 entfernt werden, um reine Reime auf *ent* zu erzielen.

Es ist von einer grossen Schaar Wächter die Rede, durch welche Garnier den Feinden entrissen wird.

Ja ociront Garnier ......
v. 640 Se ne fussent les gardes qui bien gardent le champ
Qui homme furent Karlo et furent plus de .C.

Wie in der Tir. 15 liegt auch hier **eine Tautologie** vor und gewinnt die Schilderung durch Zusammenziehen von v. 640 u. 41: *Se ne fussent les gardes qui furent plus de .C.*

Als Redensart, die eine **Beschimpfung** enthält, kann ferner ohne den Zusammenhang zu stören

v. 644 »Toet en orent le pis li felon soudoiant (*cf.* § 27)

übergangen werden. Z. 642—46 würden dann lauten:

642 A l'encontre lor sont saillis ynellement
643 La mellee commence et la noise s'estent
645 .xxii. en ont mort a l'encommencement
646 Et les .viii. en prison furent mis laidement.

Der Schlussvers 650 endlich:

Auboyn et Garnier furent encor ou champ

ist auch zu entbehren, denn er zeigt nur die folgende Tirade 22 an, die mit ähnlichen Worten beginnt: *Auboyn fu ou champ* ......

§ 34. Durch Streichen dieses Verses ist ein Fall der sogenannten *cobla capfinida* (s. E. Heuser, Über die Theile der Lothringer geste«, Marburg 1884 p. 35 ff.) beseitigt, für welche sich 5 deutliche Belege aus Th. II anführen lassen.

Aus Th. I sind ausser dem obigen allerdings noch folgende 3 Fälle dieser Tiradenverkettung anzuführen.

1) 9,257 Li rois a fait les contes geter de la prison Et venir devant lui, por oïr la raison. Li rois a fet les contes de la prison issir Et venir devant lui por la raison oïr.

2) 32,1040 Et dit li uns a l'autre: »C'est elle, a esciant. Il poingnent les chevaus, si s'en tornent atant. Il poingnent les chevaus qui la dame vont querre.

Hier bietet die vorhergehende Zeile 1040 einen schon im Roland beliebten Tiradenschluss.

3) 51,1630 Li rois li demanda: »Cil chevalier qui sont?« En droit sarrazinois Berengiers li respont. Berengiers li respont, qui sarrazinois sot:

Während die voraufgehende Zeile 1630 wiederum einen befriedigenden Tiradenabschluss gewährt, leitet Zeile 1631 als Schluss der Tirade die in der folgenden Tirade enthaltene Rede ein, ein Gedankenenjambement, welches den älteren Epen durchaus fremd ist.

Th. II: 1) 88,2836 Dist Miles l'Ardenois: »Ancui arons grant honte Et perte merveilleuse, se cestui atendommes; Senses et Amaugin, encontre lor alommes«. Senses et Amaugin sont ysaus fors de l'ost. —
ein Fall, in dem v. 2838, als zur Rede Milons gehörig, durchaus nicht entfernt werden kann.

2) 88,2848 Cil orent si grant honte ne porent dire mot Cil orent si grant honte mot n'i ont respondi.

3) 94,3024 Estes vos la bataille moult grant et le hustin; De mors et de navrez sont jonchié li chemin La bataille fu fors et grans et adurée Des mors et des navrez fu jonchie la prée.

4) 106,3438 Et quant Guy l'entendi, a terre chei jus Plus de .m. fois se pasme ainz qu'il soit revenus. Quant Guy ot la nouvelle que ses peres fu mors Plus de .m. fois se pasme ainçois qu'il deist mot.

5) 109,3511 Et issirent des loges, s'ont le tertre porpris Encontre devala Senson et Amaugis. Cil issirent des loges et porprennent le tertre.

§ 35. Während von den Beispielen der Cobla capfinida in Th. II wenigstens 1 Fall (v. 2838) anzuführen ist, in welchem die Tiradenverkettung, als zur vorangehenden Rede gehörig, nicht entfernt werden darf, bietet sich in Th. I ein solches Hemmniss nirgends. Da hier sogar in 2 Fällen die Erscheinung den im älteren Epos üblichen Tiradenschluss abändert, besonders stark namentlich durch die Zeile 1631, so können wir wohl annehmen, dass alle Fälle der Tiradenverkettung in Th. I vom Verfasser des zweiten Theils interpolirt sind. Die Tilgung des in Tir. 21c einer reinen *ent*-Tirade im Wege stehenden *chump* 650 wird durch diese Beobachtung somit wirksam unterstützt.

§ 36. Tir. 34 (1009—41) A:R.-T.:
[ans — ant — ent].

-andis *a. m.* grans 32,1009. -andum *s.* comment 32,1019. -antem *s. m.* chalant 32,1030. 36; combatant 32,1015; desrubant 32,1033; enfant 32,1027; semblant 32,1024. 91; *a. f.* avenant 32,1035; *p.f.* aparant 32,1021;

parant 32,1012; verdoient 32,1020; *n.* tenant 32,1038; venant 32,1010. -antes *a. m n.* paisant 32,1029; *v.* vaillant 32,1016; *p. m. n.* cherchant 32,1028; merveillant 32,1023; *f. n.* esbanoiant 32,1034; *a. m. o.* paisant

32,1011; *p. m. o.* voiant 32,1037. | Fouquerant 32,1014. -**endit** prent -**antet** chant 32,1013. -**antum** *s.* | 32,1017. -**ente** *adv.* malement 32,1026. chant 32,1022; *adv.* alant 32,1041; -**entem** *s. m* esciant 32,1040; present quant 32,1032. 39. -°**antum** *npr.* | 32,1025; *adv.* noient 32,1018.

§ 37. Wie das Rimarium zeigt, ist hier in 3 Fällen Mischung von *ant* und *ent* zu beobachten: v. 1017 *prent*, 1025 *present*, 1026 *malement*.

v. 1016—19 lauten:

»Que ferez vous de moi, franc chevalier vaillant?
Ja serai je pendus, se roi(s) Karles me prent.«
Et cil li respondirent: »N'en savonmes noient;
De voe fera li rois trestot l[e] sien comment.«

Senson ist im Kampfe von Renier und Fouquerant gefangen und erkundigt sich bei ihnen nach seinem Schicksal. Unmöglich konnte er aber doch darüber im Unklaren sein, dass er durch sie nun in Karl's Hände kommen werde. Die Zeile 1017 ist daher als ein ungeschickter und durchaus ü b e r f l ü s s i g e r Z u s a t z zu betrachten.

Auch die Reimworte der Zeilen 1025 und 1026 sind durch Textkürzungen leicht zu entfernen:

v. 1025: Le mantel et la mule trouverent en present
Dit Girars de Riviers: »Ce revait malement;
Se ja madame y lais, bien semblerai enfant.« ¹)
Il montent es chevans et vont par tot cherchant.

---

1) Die Verse 2026. 27 schliessen einen V e r g l e i c h in sich. Von analogen V e r g l e i c h e n mit *sembler* weist unser Gedicht nur noch einen Fall auf, nämlich:

Th. I 35,1130: *Bien semble estre faucons qui de mue est issus.*
Dazu kommt eine grosse Anzahl anderer Vergleiche, von denen einige sich in ziemlich gleicher Form in beiden Theilen des Gedichtes vorfinden.

1. Zahlreich sind die Fälle, in denen der Dichter zur Hervorhebung der Aussage sein Object einem andern durch *comme* verbindet. Eine besondere Beachtung findet hierbei die w e i s s e Farbe.

Th. I 34,1088 Qui le chief et le col ot si blanc comme noif. 52,1683 Drecierent lor voile qui fu blanc comme lis. 53,1723 Et ot la color freche comme flor d'Aquilante.

Th. II: 72,2316 Mais le vis de devant ot il cler com fin or. — 118,3831 La char avoit plus blanche que n'est la flor de lis Et la face vermeille com botons espanis. — 75,2423 Sa main est blanche comme nois. — 81,2638 La tor est blanche comme nois. — 96,3101 Vos me ramenastes comme loial[s] amis.

Aye d'Avignon ist geraubt, die Räuber, welche sie entführt haben, müssen einen Kampf mit den Verfolgern bestehen,

    2. Vergleiche mit *a guise de* eingeleitet. Dieselben sind in § 41 aufgeführt.

    3. Weiter ausgeführte Vergleiche, in denen herangezogen werden:

    a. Thiere:

Th. I: 17,528 Garniers l'en abat jus une tel charbonnée D'u braion d'une truie n'eussiez tel denrée. — 47,1502 De totes pars de mer les acuellent tant fort Com li chiens le cengler, quant est navrez a mort. — 36,1149 Li corages de fame si est vains et legiers Car ensement se torne comme li espreviers Qui mieus le cuide avoir si est tost senestriers.

    b. Erde und Wasser:

Th. I: 53,1715 Par Mahommet mon dieu, ainz sera Mongeu plainne, Et mer devendra terre, ainçois que je li raingne, Ne que je lor envoi la nice Karlemaine.

    c. Bibel oder Sage:

Th. I: 3,82 Diex ait ceste dame! si grant painne li crut Puisque li rois David ot Golias feru Et ocis a la fonde, dont li essamplo mut, Et Judas Machabez le rois Antiocus, Et Gete de Londite son compaignon Trassus Ne fu mais d'une guerre [tant] chevaliers ferus, Ne tant barons ocis, qui a joie ont vescu. — 52,1677 Dusq' Elainne la belle que Menelaus perdi Dont la cité de Troie destruit et deserti, Por une seule fame si grant guerre ne vi. — 53,1710 plus grant gent vos ameinne Que li rois Menelaus ne conduit por Elainne. — 53,1720 Quant si te veus destruire por une seule fame Si com ce laissa faire roi[s] Paris por Elainne.

Th. II: 108,3483 Si n'a en haute mer un tel estoire mis, Ainz plus grant ne conduit Apolines de Tris.

Ausser in Vergleichen werden in beiden Theilen des Gedichtes noch Bibel und Sage erwähnt:

Th. I: 21,653 Qui fist en Rencheveaus la male traïson Dont furent mort a glaive li .xii. compaignon. — 111,335 Qui porta le message au roi Marcilion, Dont furent mort a glaive li .xii. compaignon. — 48,1546 Cui pere porparla la mortel traïson Dont mort furent a glaive li .xii. compaignon Et toute desconfite la mesnie Karlon. — 49,1591 Car Ganelon lor pere porquist la traïson Dont furent glavié li .xii. compaignon Et toute desconfite la mesnie Karlon. — 50,1619 Ilec [sc. a Morinde] porparla Ganes la mortel traïson Dont morurent a glaive li .xii. compaignon; vgl. einen demnächst in Zeitschr. VIII erscheinenden Artikel Stengel's und Rom. XI, 500 Anm. 3. — 55,1788 D'unne chançon fait dire de Robert l'ecoier Et de la bonne foi Enguelas, sa moillier, Come garirent de mal lor seignor Olivier. — 36,1152 Par fame vint en terre l[i] premerains pechiez Qui manja de la pomme par le dit l'aversier, Dont encor est li siecles penez et travelliez.

Th. II *die ganse Passion*: 85,2745 Et Adam et Evain et le mont estorastes Char preïs en la virge et vos prononciastes; Li troi roi vos requistrent, que vos forment amastes, Et donnerent offrende, qu'ainz ne la refusastes Au repairier qu'il firent, bon conduit lor donastes, Que n'en pot destorner Herodes ne Pylates; Et puis, el flun Jordain, ilec vos babtisastes; .xxxii. ans par terre avec vos gens alastes, Et vos pristrent Juï, in welchem letztere siegen. Vor der Entscheidung aber ist Aye unter Zurücklassung ihres Mantels und Maulesels entflohen. Dem Verständniss des Lesers geht nichts verloren, wenn man in v. 2025 *present* streicht, dafür das Schlusswort von v. 1028 *cherchant* einsetzt und alles Dazwischenliegende fortlässt:

Le mantel et le mule trouverent en cherchant.

Durch diese Änderungen wäre also auch hier die reine *ant*-Tirade hergestellt [1]).

§ 38. Tir. 43 (1193—1212) R-T.:

[ant — ent].

-**andem** *a.f.* grant 38,1211. -**ando** *ger.* doutant 37,1203; montant 37,1196; redoutant 37,1194. -**antem** *s. m.* chambellant [*ahd.* chamarlinc] 38,1205; enfant 38,1212; garrant [*engl.* warrant] 38,1208; *a.f.n.* manant 37,1199; *p. m.* suriant 37,1198; vivant 38,1209; *f.* aparant 37,1193;

adv. maintenant 38,1206. -**antes** *s. m. o.* enfant 37,1201; serjant 37,1202; *p. m. o.* tranchant 37,1195; *f. o.* fuiant 37,1200. -***antum** (?) *npr.* bilant 37,1197. -**endit** prent 38,1207. -**ente** *adv.* escheriement [*ahd.* skarjan] 38,1204. -**entum** *o.* talent 38,1210.

§ 39. Die beiden Fälle, wo *ent* neben *ant* auftritt, sind 1204 *escheriement* und 1207 *prent*. Ersteres steht in folgender Verbindung:

onc ne vos corosastes, Et mistrent en la croez ainssi que ne posastes, Et fustes el sepulcre, dont vous resuscitastes, En enfer en venistes, por voir le despoillastes, Si en getastes fors iceus que plus amastes, Par non de pax vobis, vos les reconfortastes.

1) Ausser den Fällen, in denen *ent* zur Beseitigung der Mischung mit *ant* entfernt werden musste, halte ich auch den Anfangsvers dieser Tirade:

1009 En bruis de Lorion fu li chaples moult grans

für interpolirt. Gegen die Echtheit dieser Zeile erwäge man Folgendes: In der Aufeinanderfolge der Tiraden ist diese die vierte, welche mit *En bruis de Lorion* beginnt. Auch die ganze erste und der Anfang der dritten so beginnenden Tiraden — beidemal nichtssagende Naturschilderungen (cf. § 17 Anm. 2) — sind entbehrlich, und dürfte Zeile 1009 daher um so mehr auf Interpolation zurückgeführt werden, als die Fortsetzung derartige Wiederholungen an zwei weiteren Stellen, wenn auch im zweiten Falle in nicht aufeinanderfolgenden Tiraden aufweist.

1. p. 94 beginnen Tir. 133 u. 134: »La bataille fu fors et grant«.

2. p. 82 u. 86 haben Tir. 108 u. 115 den Anfang: »Garnier ot .n. neveus, Guichart et Alori Qui sont de ses serors né et engenuï«.

> Dame Aye est en sa chambre moult escheriement
> N'avoit que gens privée et .i. sien chambellant.

Berengier belagert Aye d'Avignon in ihrem festen Schlosse, welches schliesslich der Belagerung anheimfällt. Der Sieger erbricht die Thür, dringt ein und nimmt Aye gefangen. Das anstössige *escheriement* lässt sich durch folgende Zusammenziehung beider Zeilen zu einer leicht beseitigen:

> Dame Aye est en sa chambre od .i. sien chambellant.

Ebenfalls leicht zu entfernen ist *prent*:

> v. 1206 Cil buterent a l'uis, cel rompent maintenant;
> Berengier tent la main, au poing destre la prent.
> Dit li viex Haguenons:

Zum Verständniss der Worte, welche Haguenon an Aye richtet, kann der mittlere Vers ganz fehlen. Eine Mischung von *ant* und *ent* ist also auch hier nicht nothwendig vorhanden.

§ 40. Tir. 78 (2027—53) A-T.:

[amp — an — ans — ant — ent].

-ampum champ 63,2040. -andem *a. m.* grant 63,2050. -ando *pr.* demant 63,2044; mant 63,2033; *ger.* riant 63,2048 -andum *s.* commant 63,2053. -annum *s.* an 63,2043. -ante *adv.* avant 63,2042; devant 63,2032. 2046. -antem *p. m. n.* riant 63,2049; *o.* luisant 63,2027; *p. f.* aparant 63,2036; bruiant [*mhd.* brüejen] 63,2028; luisant 63,2035; tranchant 63,2049; *adv.* maintenant 63,2052. -antes *a. m. v.* vaillant 63,2050; *p. m. n.* merveillant 63,2047; achetant 63,2051. -°antes *o.* ahane [*kymr.* afan] 63,2037. -antum chant 63,2031; tant 63,2029. -°antum gant [*germ.* wante] 63,2038. -ente *adv.* neant 63,2039. -entum *o.* garnement [*ahd.* warnian] 63,2034. -°entum (?) *npr.* Mellent 63,2045.

§ 41. Wenn wir in dieser Tirade von dem nichts beweisenden Eigennamen *Mellent* 2045 absehen, so bleibt nur ein Fall v. 2034 *garnement* übrig, der eine Mischung von *ant* und *ent* erkennen lässt; aber auch dieser ist zu entfernen.

Der heidnische König Ganor hat seine Verbündeten, die »sodoiers de France« zu sich gerufen und redet sie an:

> v. 2033 Barons, ce dit li rois, savez por quoi vos mant?
> A la guise de France prenez vo garnement,
> E puis nous en istrons a la lune luisant.

Das im Wege stehende *garnement* schwindet, wenn wir eine Umstellung des Verses vornehmen [1]):

Prenez vos garnemenz a la guise des Francs.

Wie in Tir. 14 u. 21 haben wir hier Assonanzen vor uns; *champ* 2040, *ahans* 2037, *an* 2043 dulden daher sehr gut ein *Francs* neben sich.

Ausserdem spricht für die Umstellung noch, dass der Dichter die häufige Redewendung *a la guise de* ... stets nur im zweiten Halbvers gebraucht:

14,413 Et Garniers le refiert en guise de baron. — 38,1235 Puis maintenez la guerre a guise [de] baron. — 54,1756 Et li rois se defent a guise de baron. — 58,1869 Et .1. ymage paint en guise de dragon. — 66,2125 Berengiers vint poingnant a guise de faucon.

Auch in anderen Epen tritt *a guise de* nur im zweiten Hemistich auf:

Rol. v. 1226 Vait le ferir en guise de baron. — Doon 94,3099 a guise de sengle. — 7,211; 55,1782; 107,3540: en guise de desvé.

Wiederum ist die behauptete Mischung von *an* und *en* also nur eine scheinbare, und haben wir es hier auch mit einer ursprünglich reinen a_n-Tirade zu thun [2]).

§ 42. Tir. 80 (2085—100) R-T:

[ant — ent].

-ando ger. acorant 65,2099; enchaucent 64,2085; fendant 65,2093; fuiant 65,2097; sivant 65,2096. -andum s. o. commant 65,2098. -ante avant 65,2094. -antem p. m. gesant 65,2088; pesant 65,2090; adv. maintenant 65,2095. -antum s. olifant 65,2092; adv. tant 64,2086. -*antum gunt [germ. wante] 64,2087. -ente sagement 65,2100. -entem s. escient 65,2091. -enti a. dolens 65,2089.

---

1) Eine ähnliche Umstellung hat Prof. Stengel zur Wiederherstellung einiger Binnenassonanzen unseres Gedichtes Ztschr. IV, 101 angewandt.

2) Die von den Herausgebern (cf. Notes p. 136) vorgenommene Besserung v. 2028 *bruiant* statt *luisant* ist etwas unverständlich. v. 2027. 28 lauten:

Ce fu a un matin, au cler soleil luisant
Estes vos le cembel a la porte luisant.

Sollte nicht analog 37,1197 *a la porte bilant* verständlicher sein mit der Auffassung von *bilant* als Eigenname?

§ 43. Für die Mischung von *ant* und *ent* spricht in dieser Tirade nur v. 2100 *sagement*. Aber auch hier ist eine reine *ant*-Tirade herzustellen.

Garnier, im Dienste König Ganor's, hat die Söhne Marcillion's besiegt; er fordert seine Begleiter auf, von der Verfolgung der Feinde abzustehen und nach der Stadt zurückzukehren:

> 65,2094 Et dit Garniers as siens: »Barons, n'alez avant;
> Tot droit a Aigremont retornon maintenant,
> Que li plus orgueillous nous venront ja sivant.

Garin antwortet zustimmend:

> 65,2098 Dit Garins d'Anseüne: »Tot a vostre commant«

und fügt hinzu:

> 65,2099 A merveilleus empire nous vendront acorant
> Ses convient desconfire par engien sagement.

Dieser Zusatz wiederholt nur das von Garnier bereits Gesagte. Ausser der Beanstandung des dem ursprünglichen Dichter fremden Ausdrucks »*merveilleus empire*« zur Bezeichnung des Reiches Ganor's bildet das einfach bejahende: »*Tot a vostre commant*« einen weit besseren Tiradenschluss, als der nichtssagende Nachsatz. Die vorige *ant*-Tirade 78 schliesst ebenfalls ein Gespräch Garnier's und der Seinigen mit demselben kurzen Worte:

> 63,2053 Et cil li respondirent: »Sire a vostre commant«.

Wir können also die beiden Schlussverse ungehindert streichen und erzielen hierdurch wieder eine reine *ant*-Tirade.

§ 44. Tir. 86 (2209—14) A:R-T.:

[ant — on].

-andem *a. m.* grant 68,2212; *f.* grant 68,2213 -andes *a. m. o.* grants 68,2214. | -antem *p. m. n.* raians 68,2209; *o.* entrans 68,2210. -onum bon 68,2211.

§ 45. Obgleich eine Mischung von *ant* und *ent* hier nicht vorhanden ist, kann man diese Tirade wegen der einzig auftretenden Bindung von a_n und o_n (2211), wie wegen des dreimal in aufeinanderfolgenden Versen wiederholten *grant* (cf. § 17) dem ursprünglichen Dichter doch nicht zusprechen.

Die ganze Tirade schildert in ungeschickter Weise den Palast König Ganors.

§ 46. Hiermit ist die Reihe der männlichen *a(e)ₙ*-Tiraden des ersten Theiles erschöpft. Die Betrachtung derselben hat folgende Resultate ergeben:
1) ist die von P. Meyer behauptete Mischung von *ant* und *ent* überall leicht zu beseitigen;
2) alle Fälle, welche in diesen Tiraden einer Trennung von *ant* und *ent* scheinbar entgegenstehen, sind also einem Überarbeiter zuzuschreiben, den wir, wie die vorstehenden stilistischen Beobachtungen vermuthen lassen, und wie die folgende grammatische Untersuchung noch mehr ergeben wird, mit dem Dichter, resp. Überarbeiter des zweiten Theiles identificiren dürfen.

Männliche *aₙ (eₙ)* Tiraden. Th. II.

§ 47. Tir. 135 (3056—66) A:R.-T.:
[ant — anc].

-*ancum blanc [*ahd.* blanc] 95,3059. -andem *a. m.* grant 95,3064; *f.* grant 95,3060. -antem *s. m.* vivant 95,3065; *a. m.* corant 95,3058; *adv.* mainte- nant 95,3057. 62; *p. f. n.* esmaiant 95,3056; porsivant 95,3066. -antes *p. m. o.* fuiant 95,3063; *f. n.* fuiant 59,3061.

§ 48. Diese Tirade ergiebt sich somit als vollständig reine *aₙ*-Tirade, wiewohl die Thätigkeit eines jüngeren Überarbeiters in der Wiederholung desselben Reimwortes *maintenant* sich deutlich offenbart (cf. § 17).

§ 49. In den übrigen *ant*-Tiraden tritt dagegen überall *ant* mit *ent* gemischt auf, ein Scheidungsversuch der beiden Vokale ist unmöglich. Ich gebe deshalb für sämmtliche ein gemeinsames Rimarium.

Rimarium der A:R.-T.:
103 (2539—80); 140 (3131—60); 144 (3196—208);
153 (3339—47); 175 (3897—940).

-*ancium *s. o.* rommans 79,2570. -*ancum *a.* blanc [*ahd.* blanc] 98,3157. -ancus *a.* frans 97,3135. -anos *s.* meridiens 103,3314. -andem *a. m.* grant 97,3139. 98,3160. 99,3210; *f.* grant 121,3907. 3933. 3936. -andes *a. m. n.* grant 99,3203. -andis *a. m.* grant 97,3141. -*andium *s. o.* chalant 120,3899. -ando *pr.* commant 121,3917; *ger.* amandant 79,2549; corant 97,3134; decevant 79,2546; fuiant 79,2542; nagent 79,2557; plangnant 97,3132;

plorant 97,3149; regardant [ahd. warten] 120,3898; repentant 97,3152; seant 97,3143. -andum s. o. commant 97,3148. 98,3155. -°anguem s. sanc 98,3154. -ante adv. avant 80,2579; devant 79,2565. 97,3140. -antem s. convenant 79,2548; enfant 79,2550. 2556. 2559. 2568; 97,3144; 121,3932. paīsant 79,2543. semblant 79,2560; 121,3911; serjant 99,3199; a. m. vaillant 79,2547; v. vaillant 97,3150; adv. maintenant 78,2540; 121,3934; p. m. disant 98,3156; passant 97,3138; tornant 79,2563; vivant 97,3151; n. aidant 121,3915. 3935; celant 121,3929; ciglant 79,2551; despendans 99,3207; menans 99,3206; oiant 121,3925; soudoiant 121,3910; f. seant 79,2544; n. nagent 121,3922; 79,2555. -antes s. m. n. apartenant 120,3897; soudoiant 79,2553; p. m. n. aidant 122,3939; aprochant 121,3904. 3912; corant 78,2539; lisant 99,3205; o. dormant 78,2541; flembeant 120,3901; f. n. nagent 121,3930. -°anti npr. Persant 121,3920. -°antos npr. Persans 103,3343. -antum s. chans 97,3131; adv. atant 79,2545; 98,3158; itant 121,3916; tant 122,3938. -°antum npr. Alemant [ahd. al manu] 80,2577; Alerant 80,2576; Morant 121,3906. -°antus npr. Alemant 97,3137. -empus s. o. temps 97,3147. -°encum s. chambellenc 99,3200. -endet ament 121,3928. -endit aprent 79,2573; atent 79,2558; 104,3347; 121,3926; 122,3937; entent 79,2572; 121,3919. 3923; prent 79,2552. -ensum s.. sens 103,3342. -ente adv. errement 79,2561; forment 79,2562; gentement 179,2567; liement 121, 3918; longuement 97,3142; noiant 79,2571; 97,3136; orguelleusement [ahd. urguoli] 103,3339; ysnellement 121,3924. -entem s. m. enscient 104,3346; 121,3903. 3909. 3927; f. gent 79,2564; 97,3153; 99,3197. 3208; 120,3900; 121,3905. -entem+s s· gent 121,3914. 3921. -entes s. m. n. parent 121,3908. -entit consent 80,2578. -°entit ment 79,2569. -entum s. o. appareillement 120,3902; argent 99,3196. 3202; chasement 97,3146; 99,3198. 3204; enchantement 79,2554; envaīssement 79,2574; garnement [ahd. warnian] 79,2566; pavement 97,3133; pecoiement 79, 2575; talent 97,3145; 122,3940; tenement 121,3931; torment 103,3340; a. o. dolent 121,3913. -entus a. dolent 98,3159. -œnitet repent 103,3341.

§ 50. Die Untersuchung der männlichen a(e)ₙ-Tiraden beider Theile ergiebt somit eine errwünschte Bestätigung der Vermuthung der Herausgeber, dass zwei Verfasser der Aye d'Avignon anzunehmen sind. Diese Annahme lässt sich aber dadurch insofern noch ergänzen, als wir nun auch eine verschiedene Heimath beider Dichter behaupten können. Die Trennung von *ant* und *ent* weist ja nach P. Meyer's eigener Ansicht auf westfranzösischen, die Mischung der beiden Nasale dagegen auf central- oder ostfranzösischen

Ursprung hin. Die nach § 46 als durch Interpolation zu erklärenden Stellen des ersten Theils, welche Mischung von a_n und e_n aufweisen, sind also, wie schon dort vermuthet, mit grösster Wahrscheinlichkeit als das Werk des Verfassers des zweiten Theils aufzufassen. Dafür aber, dass von ihm etwa auch für den zweiten Theil des Gedichtes eine alte Vorlage verwerthet worden sei, liesse sich nur die Existenz der reinen a_n.-Tirade 135 anführen, während jeder Versuch, die übrigen a_n-e_n.-Tiraden zu sei es a_n-, sei es e_n-Tiraden zu gestalten, als illusorisch aufgegeben werden muss [1]).

Weibliche $a(e)_n$.-Tiraden des I. Theils.

§ 51. Tir. 47 (1269—78) A-T.:

-annetes npr. o. Nentes 40,1270.
-eminam fame 40,1274. -endere defendre 40,1278; entendre 40,1275; prendre 40,1272. -*entat demente

40,1269. -imul ensemble 40,1271. 76.
-inerem sendre 40,1273. -ominam dame 40,1277.

§ 52. In dieser Tirade liegen vorzugsweise weibliche e_n-Assonanzen vor, denen nur zwei Fälle mit weiblichen a_n- resp. o_n-Assonanzen: 40,1270 *Nentes* und 40,1277 *dame*, gegenüberstehen. Beide Fälle sind jedoch zu entfernen. Das störende *Nentes* schwindet, wenn wir in dem betreffenden Verse 1270:

    Primes parla Ripaus qui tint Reinmes et Nentes

Reinmes und *Nentes* umstellen, und *dame* wird vermieden, wenn wir die Tirade mit v. 1275:

    Hé Diex! dit l'emperere, ce fet bien a entendre.

abschliessen und die folgenden nichtssagenden Verse:

    Plus de .xx^m. grailles y sonnerent ensemble.
    Moult a poi sejorné Berengiers o la dame;
    Paor aura de mort s'or ne se soit defendre.

tilgen. Wir erzielen hierdurch den allgemein üblichen kurzen Tiradenschluss (cf. §§ 34. 43) und eine reine $e_n...e$-Tirade.

---

[1]) Höchstens könnte man bei der geringen Anzahl von e_n-Reimen (resp. Assonanzen) in der Tir. 140 einen solchen Versuch wagen; aber auch hier stösst derselbe auf bedeutende Schwierigkeiten.

§ 53. Tir. 53 (1352—59) A-T.
-anceant lancent 42,1353. -antiam -imulant assemblent 42,1352. -inciam acordance 42,1354. -empore adv. Prouvence 42,1357. -ominam dame tempre 42,1359. -endere pendre 42,1355.
42,1358. -imul ensemble 42,1356.

§ 54. Zur Beseitigung der in dieser Tirade vorhandenen Mischung von $a_n...e$ und $e_n...e$ haben wir nur nöthig, nach Zeile 1355 die bereits § 30 Anm. angeführte Theilung der Tirade vorzunehmen und erlangen somit von v. 1352—55 eine reine $a_n...e$-, von v. 1356—59 eine reine $e_n...e$-Tirade. Das im ersten Abschnitt hindernde *assemblent* ist ohne Schwierigkeit durch *avancent* zu ersetzen.

§ 55. Tir. 57 (1446—80) A-T.

-amera chambre 45,1453. -anceam lance 46,1466. -anciam France 46,1472. 78. -andat demande 45,1459. -°antam Aquilante 45,1449. -°antat creante 46,1467. -antia acordance 46,1464; enfance 46,1471. -antiam creance 45,1460. 61; 46,1479; demorance 45,1450; mellance 45,1463. -embrem septembre 46,1477. -eminam fame 45,1446; 46,1476. -emper+s sempres 45,1462. -endat vende 46,1480.

-endere defendre 46,1468; descendre 45,1451; prendre 45,1458; 46,1469; vendre 46,1475. -enita gente 45,1455. -°enta s. parente 46,1474. -°entam Outrentre 45,1454. -°entat adente 45,1457; gaimente [*got.* vai] 45,1456. -entrem ventre 45,1447. -imul ensemble 45,1452; 46,1465. -initiat commence 46,1470. -inta trente 45,1448. -omina dame 46,1473.

§ 56. Wie das Rimarium schon zeigt, ist in dieser Tirade die Mischung von $a_n...e$ und $e_n...e$ durchweg vorhanden. Um nun auch hier die beiden Nasale zu trennen, bedarf es grösserer Veränderungen als in den beiden vorher behandelten Tiraden. Allein ich glaube auch diese Veränderungen um so mehr vornehmen zu dürfen, als sonst diese Tirade die einzige von allen weiblichen $a(e)_n$-Tiraden des ersten Theils sein würde, die gegen eine ursprüngliche Scheidung von a_n und e_n spräche.

Um zum Ziele zu gelangen, müssen wir zunächst, wie in Tir. 21 (§ 30) und 53 (§ 54), eine Spaltung der Tirade vornehmen. Dieselbe ergiebt:

von v. 1446—58 eine $e_n...e$-Tirade,
„ „ 1459—69 „ $a_n...e$ „
„ „ 1470—80 „ $e_n...e$ „

Alle drei Abschnitte bedürfen jedoch der Reinigung.

§ 57. 1) Tir. 57a (1446—58), $e_n\ldots e$.

Die $e_n\ldots e$-Assonanz wird dreimal, nämlich durch 1449 *Aquilante*, 1450 *demorance* und 1453 *chambre* gestört. Alle drei Fälle lassen sich jedoch entfernen.

Von König Ganor, dem die Ankunft der Franzosen mit Aye d'Avignon gemeldet wird, heisst es:

> Zeile 1448 Il est moult tost montez et de ses barons .i.i.i.
> En palefrois amblans et es mulz d'Aquilante,
> Et est moult to[s]t venus as pors sans demorance.

Der mittlere Vers, eine blosse Beschreibung, kann ohne Weiteres gestrichen, und der letzte insofern geändert werden, als man für das störende *sans demorance* liest: *la dame prendre*.

Chambre steht in folgender Satzverbindung:

> v. 1453 A .i. chief de la barge, par derriere, ert la chambre
> Richemant portendue de bon paile d'Otrentre,
> La dedens en .i. lit se jut Aie la gente.

Der Dichter will angeben, dass *Aye d'Avignon* sich mit den Ankömmlingen auf dem Schiffe befindet. Dem Verständniss des Hörers geht nichts verloren, wenn die Mittheilung von einer Cajüte, wie die Beschreibung derselben fortfällt und die 3 Verse zu folgendem zusammengezogen werden:

> A .i. chief de la barge se jut Aie la gente.

Auf diese Weise wäre in Tir. 57a die Mischung der beiden Nasalvocale beseitigt.

§ 58. Tir. 57b (1459—69), $a_n\ldots e$.

In diesem Abschnitt sind v. 1462 *sempres*, 1465 *ensemble*, 1468 *defendre* und 1469 *prendre* zu entfernen, um die reine $a_n\ldots e$-Tirade herzustellen.

König Ganor befragt die Ankömmlinge um ihre Herkunft. Ihm wird folgende Antwort zu theil:

> v. 1461 Dit li dus Berengiers: »En la nostre creance,
> De France sommes nez, d'ont ci venimes sempres.

Statt dieser beiden Verse lese man:

> Dit li dus Berengiers: »nos sommes né de France«.

Für diese Zusammenziehung spricht auch noch der Umstand, dass hierdurch die Wiederholung des Assonanzwortes *creance* in unmittelbar aufeinanderfolgenden Versen vermieden wird.

Ferner schwindet *ensemble*, wenn wir mit den Worten, die Berengiers an Ganor richtet:

> v. 1465 Del roi Ganor, biau sire, nos en dist on ensemble
> Que mieudre chevalier ne porte escu ne lance

folgende Zusammenziehung vornehmen:

> Mieudre del roi Ganor ne porte, on nos dist, lance

Endlich gehören *defendre* und *prendre* Versen an, die ohne inhaltliche Störung zu streichen sind.

Vers 1467:

> .1. an le serviron[s], c'il ainsi le creante.

bietet ohne die folgende Erweiterung:

> 1468 Contre toz ceus du mont de s'onor a defendre
> Et autrui terre tote a confondre et a prendre

einen allgemein üblichen Tiradenschluss. Die Mischung von $a_n...e$ und $e_n...e$ ist somit auch in diesem Abschnitt beseitigt.

§ 59. 3) Tir. 57 c (1470—80), $e_n...e$.

Der $e_n...e$-Assonanz stehen 1471 *enfance*, 1472. 78 *France*, 1473 *dame* und 1479 *creance* im Wege.

König Ganor spricht zu den Franzosen, welche ihm Dienste angeboten haben:

> v. 1470 Et dit le roi Ganor: »Grant honor vos commence;
> (»Quant sà estes tornez, ce ne fu pas enfance,
> »Car james n'aurez soing de retorner en France)
> »Et ne porquant me dites qui est si belle dame.

Die beiden mittleren, mit den beanstandeten Assonanzwörtern endenden Verse sind unbedenklich zu tilgen, und das störende *dame* im letzten Vers kann durch *fame* ersetzt werden, welch letzteres der Dichter zur Bezeichnung der Aye d'Avignon schon Tir. 57a v. 1446 gebraucht. *France* und *creance* gehören endlich den Schlussversen dieser Tirade an, welche lauten:

> v. 1477 Et respont Berengiers: »Ce n'ert devant septembre;
> »N'est pas costume a nous, en la terre de France,
> »En la loi que tenons et en nostre creance,
> »A nul bon crestien que il sa fame vende.

Ohne dass eine Lücke in der Erzählung entsteht, können die letzten drei Verse gestrichen werden, v. 1477 bildet auch in dieser Tirade den üblichen Tiradenschluss. Durch die vorgenommenen Kürzungen ist die Mischung von $a_n...e$ und $e_n...e$ in diesem Abschnitt ebenfalls beseitigt.

§ 60. Tir. 67b (1719—43) A-T.[1])

-antiam France 54,1731. -°anta joiante 54,1743. -°antam a. aquilante 53,1723. -°antiam creance 54,1727. 32. 40. -embra n. membre 53,1724. -eminam fame 53,1720. -enam Elainne 53,1721. -endam rende 53,1721. -endat rende 53,1725. -endere atendre 54,1734. -endunt Klendent 54,1737. -enita gente 54,1726. -enitam gente 53,1722; 54,1742. -ensat pense 54,1739. -°entam Outrente 54,1730. -entat presente 54,1733. -initiant commencent 54,1736. -initiat commence 53,1719. -inta trente 54,1728. 41. intrant entrent 54,1735. -ominam dame 54,1738.

§ 61. Diese Tirade enthält meist weibliche $e_n...e$-Assonanzen. Eine Mischung mit weiblichen $a_n...e$ ist, wie das Rimarium zeigt, in sechs Fällen zu beobachten.

v. 1723 Et ot la color fresche comme flor d'aquilante

ist als blosse Beschreibung des Aussehens der Aye d'Avignon entbehrlich; ebenso können in folgenden Zeilen:

1726 Et Ganor li a dit: »Ne t'esmaie, seur gente,
   (»Que par cel Mahommet à cui j'ai la creance,)
   »Tant com porroi mander .xx. chevaliers ou .xxx.
   »Mar arez ja paor qu'a nul homme vos rende.
   »Je vous menroi ençois ens ou regne d'Outrente
   (»Ou passeroie mer en la terre de France,
   »Et prendroie por vos la saintime creance.)«
   Quant la dame l'oï, a son pié se presente.

Worte, die Ganor zur Beruhigung an Aye d'Avignon richtet, die mit Klammern versehenen Verse gestrichen werden, ohne dass eine Lücke in der Erzählung entsteht.

Ferner ist in Zeile

1738 Margoires demanda: »Rendra Ganor la dame?«

das Assonanzwort *dame* durch *fame* zu ersetzen und die Tirade mit dem zum Tiradenschluss sehr geeigneten Verse

1739 Sire, dit Brunnamors, moult est fol qui ce pense.

abzuschliessen. Auf diese Weise kommen zum Wegfall:

1740 »Li rois en a juré ses diex et sa creante
   »Ne vos en rendroit mie s'il en avoit tiex .xxx.
   »Car on ne trouveroit desor le ciel plus gente.
   »Il n'en a sor ciel terre ne soit d'Aye joiante.«.

Die Mischung von $a_n...e$ und $e_n...e$ ist also auch in dieser Tirade eine überall zu beseitigende[2]).

---
1) Cf. § 30 Anmerkung.
2) Ausser den Fällen, in denen das $a_n...e$ entfernt werden musste,

§ 62. Tir. 70 (1822—31), A-T.:

-anceam lance 57,1827. -anciam France 56,1823. -animam ame 56, 1822. -°antiam creance 57,1828; venjance 57,1826. -embra+s mem-bres 57,1830. -eminam fame 57,1831. -ominam dame 56,1824; 57,1829. -emina fame 57,1825.

---

ist auch noch, wie bereits § 30 Anm. erwähnt, das Assonanzwort *Elainne* v. 1721 ein zu beseitigendes Hinderniss. Die Zeilen 1720. 21 lauten:

Quant si te veus destruire por une seule fame,
Si com se laissa faire roi Paris por Elainne,

und können insofern gestrichen werden, als sie eine Wiederholung von bereits Mitgetheiltem sind. Einige Zeilen vorher, in Tir. 67a v. 1710. 11 heisst es nämlich:

...... plus grant gent vos ameinne
Que li rois Menelaus ne conduit por Elainne.

ferner in Tir. 66 v. 1677:

»Dusq'Elainne la belle que Menelaus perdi,
»Dont la cité de Troie destruit et deserti,
»Por une seule fame si grant guerre ne vi.«

Von analogen Fällen, in denen in kurzer Aufeinanderfolge von Sätzen Wiederholung desselben Gedankens vorliegt, liessen sich in beiden Theilen folgende anführen:

Th. I: 1) 15,456 A genoillons se met dame Aye d'Avignon Et proie Damedieu qui souffri passion Qu'il garisse de mort Garnier, le fiz Doon. — 15,462 Dame Aye la duchese se fu agenoillie Par devers Orient a sa face drecie Damedieu le poissant moult doucement deprie Qu'i li gart son seignor qu'il ne perdee sa vie.

2) 47,1504 De totes pars les prennent et aërdent as cros Ou il weillent on non, les ramenent au port. — 47,1507 .... a cros les detindrent Ou il vueillent ou non, les ameinent a rive.

Th. II: 1) 87,2816 Auboin, sire frere, quel gage j'ai leissié! James jor que je vive n'aurai mais le cuer lié. — 89,2873 Auboyn, sire frere, quel gage j'ai laissié! Ja por tant com je vive n'aurai mais le cuer lié.

2) 106,3424 Issus sommes de joie et en tristor entré En la terre de France nous est mal encontré, Mors est li dus Garniers, jamais n'ert recovré. — 106,3434 Issus sommes de joie et en tristor venus. En la terre de France nous est moult mecheü ...... Ocis i ffu Garniers, dont sommes irascu.

Sämmtliche als Wiederholungen voraufgehender Verse im ersten Theile angeführte Stellen sind entbehrlich. Da ein Fall unter ihnen 15,462. 63 Kürzungen von *iée* zu *ie* (cf. § 86) in einer Reim-, daher stark interpolirten Tirade aufweist, die, wie wir sehen werden, als Interpolationen zu betrachten sind, so können wir wohl darauf schliessen, dass auch die übrigen Fälle von Satzwiederholungen als unecht gelten müssen.

§ 63. Den weiblichen a_n-Assonanzen stehen 3 Fälle mit weiblichen e_n-Assonanzen gegenüber, welche aber auch in dieser Tirade zu entfernen sind.

Garnier hat durch einen Pilger von seiner geraubten Frau, der Aye d'Avignon, gehört, seine freudige Überraschung hierüber spricht sich Zeile 1822 ff. aus:

»Amis, dis me tu voir, que Diex ait part en t'ame!
»Que tu por cest besoing soies venus en France
»Por querre sodoiers à secorre da dame?
(»Et [autant] que le croie, ja fu elle ma fame;)
»Berengiers la m'embla, Diex m'en face venjance!

Dem Verständniss des Hörers geht nichts verloren, wenn wir den mit Klammern versehenen Vers tilgen. Die übrigen Fälle, in denen $e_n...e$ vorliegt, gehören dem Schluss der Tirade an, welcher lautet:

1829 Oïl, dit li paumiers, en la moie creance.
»Por sodoiers vins ça a secorre la dame ...
»Et ja ne li faudra por i perdre les membres;
»Onques tel Sarrazin ne nasqui mes de fame.«

Wiederum bietet v. 1829 ohne die folgenden Verse einen besseren Tiradenschluss. Ausserdem ist v. 1830 nur eine schwache Wiederholung von v. 1824, welche mit den beiden folgenden Zeilen entbehrlich ist. Durch solche Veränderungen erzielen wir eine reine weibliche a_n-Tirade.

§ 64. Die Reihe der Tiraden des ersten Theiles, in denen weibliche $a(e)_n$-Assonanzen vorliegen, ist hiermit beendet. Die beiden Nasalvocale a und e von einander zu trennen, war in den weiblichen Tiraden mit mehr Schwierigkeiten verknüpft als in den männlichen; jedoch führte der Versuch einer Trennung zu demselben günstigen Resultat, als in den männlichen Tiraden: in den weiblichen $a(e)_n$-Tiraden ist die Mischung von a_n und e_n ebenfalls eine überall zu beseitigende, sind die derselben entgegenstehenden Fälle, wie dies auch bei den männlichen $a(e)_n$-Tiraden nachgewiesen wurde, als Interpolationen zu betrachten. Waren auch bei den weiblichen Tiraden weit mehr Hindernisse zu beseitigen, erforderte namentlich die Reinigung der Tir. 57 die weitgehendsten Textveränderungen, so glaubte ich dennoch um so mehr zu diesen Versuchen berechtigt zu sein, als in Tir. 53 die Trennung der beiden Nasale $a_n...e$ und $e_n...e$ durch die schon wiederholentlich vorgenommene Zweitheilung sofort ersichtlich war.

Die weiblichen a(e)ₙ-Tiraden des II. Theils.

§ 65. Tir. 90 (2307—10) A-T.:

-°anciam France 71,2309. -anitat vante 71,2310. -enita gente 71,2307. | -entiam sapience 71,2308.

§ 66. Trotzdem die beiden ersten Verse $a_n...e$, die beiden letzten $e_n...e$ aufweisen, wird Niemand behaupten, dass die Trennung der beiden Nasale hier eine absichtliche wäre, da ja zweizeilige Tiraden im altfranzösischen Epos nicht gebräuchlich sind und überdies sämtliche vier Zeilen einer und derselben Rede angehören.

§ 67. Tir. 94 (2358—70) A-T.:

-andant demandent 73,2359. -°antam Aquilante 73,2363. -emperant atemprent 73,2361. -endere prendre 73,2368. -endunt descendent 73,2365. -enitam gente 73,2367. implent | emplent 73,2360. -ĭmul ensemble 73,2364. 2370. -ĭmulat assemble 73, 2369. -inciam Provence 73,2366. -initiant commencent 73,2358. -°ingant desrengent [ahd. hring] 73,2362.

§ 68. Tir. 97 (2404—19) A-T.:

-anceam lance 74,2411. -°anciam France 74,2408. -andrum Alixandre 74,2406. -ĕmulant tremblent 74,2417. -endere descendre 74,2414; pendre 74,2419; prendre 74,2415. -°ennam Ardanne [klt. arden] 74,2412. -entiam | penitence 74,2410. 2416. -enterem ventre 74,2418. -ĭmul ensemble 74, 2405. -inciam Prouvence 74,2413. -initiat recommence 74,2407. -omina v. dame 74,2409. -ominam dame 74,2404.

§ 69. Während es uns möglich war, in den **weiblichen** $a(e)_n$-Tiraden des **ersten Theils** die Michung von a_n und e_n überall zu beseitigen, führt ein solcher Versuch im **zweiten Theile** zu keinem befriedigenden Resultat. Wir müssen vielmehr annehmen, dass im zweiten Theile in den **weiblichen** $a(e)_n$-Tiraden gerade so, wie dies in den **männlichen** $a(e)_n$-Tiraden zugegeben werden musste, die Mischung von a_n und e_n eine überall durchgeführte ist.

Die Untersuchung der weiblichen $a(e)_n$-Tiraden stützt von neuem den § 46 aus der Behandlung der **männlichen** $a(e)$-Tiraden von Theil I gezogenen Schluss von der Existenz und Heimatsverschiedenheit zweier Dichter der Aye d'Avignon.

§ 70. Neben den behandelten $a(e)_n$-Tiraden finden wir im **ersten Theile** noch zwei weibliche $ai(ei)_n$-Tiraden. Die Betrachtung derselben schliesse ich daher hier an.

Weibliche ai(ei)ₙ-Tiraden Th. I.

§ 71. Tir. 67a (1702—18)¹) A:R-T.:

-**agnum** Karlemaine 53,1709. 1717. -**ana** plainne 53,1715. -***anam** Morienne 53,1704. -**andiat** engraingne 53,1707. -**aneam** chastengne 53,1714. -***aneam** compaigne 53,1718; grifaine [*ahd.* grifan] 53,1702. -**aniam** Espengne 53,1705; Aubainne 53,1712. -**enam** plainne 53,1708; Elainne 53, 1711. -***endeam** rainge 53,1716. -**igniam** enseigne 53,1713. -**ignum** (?) *o.* caigne²) 53,1703. -**inat** ameinne 53,1710. -***ingeat** faigne 53,1706.

§ 72. Tir. 77 (2019—26) R-T.:

-**aneam** *a.* (?) estraingne 63,2026. -***aneam** champaingne 63,2024; compaingne 63,2022; montaingne 62,2020; *a.* (?) soustainne³) 63,2025; *npr.* Estrainge 62,2019. -**aniam** Espengne 62,2021. -**igniam** enseigne 63,2023.

Diese beiden Tiraden dem ursprünglichen Dichter abzusprechen, liegt kein Grund vor.

Weibliche a-Assonanztiraden.

§ 73. Die **weiblichen** a-Assonanzen finden sich nur im **zweiten Theile** unseres Gedichtes und verdienen insofern Beachtung, als die Hs. und mit ihr die Herausgeber sie in zwei Fällen irrthümlicher Weise mit *è*- resp. *ai*-Assonanzen vereinigen.

---

1) Cf. § 80 Anm. 1.
2) Sollte etwa *caigne* eine schlechte Schreibart für *saigne* (*sanguina) = *Geblüt* sein können? Ein solches *saigne* vermag ich allerdings nicht zu belegen, ebenso wenig wie ich *chesne* (*quercinum*, an welches hier ebenfalls gedacht werden könnte) in der übertragenen Bedeutung: *Stamm*, *Geschlecht* nachzuweisen vermag.
3) Cf. Livre de Job p. 461 unten.

§ 74. 1) Tir. 92 (2328— 2335) A-T.:

-acere fuire 72,2329. -°agium o. merage 72,2334. -erram terre 72, paraige 72,2335. -°aroam barge 72, 2332. -°atiçum o. marage 72,2333; 2381. -°erram guerre [*ahd.* werra] 72,2330. -°iterem *s. m.* erre 72,2328.

§ 75. Der Fehler ist sofort ersichtlich. Wiederum haben Copist und Herausgeber zwei ursprünglich getrennte Assonanztiraden zusammengeschweisst. Durch einfache Scheidung gelangen wir zu zwei, von unserm Dichter häufig angewandten (cf. § 30 Anm.) vierzeiligen Tiraden:

Tir. 92a (2328—31) enthält è-, resp. ai-,
„   92b (2332—35) dagegen a...e-Assonanzen.

Ganz besonders spricht in dieser Tirade für die Trennung, dass mit v. 2332 die von Stengel nachgewiesene Binnenassonanz beginnt (cf. § 41 Anm. 1).

§ 76. Eine gleiche Tiradentheilung ist vorzunehmen in:

2) Tir. 138 (3104—11) A-T.:

-°acat *i.* esbalaie [*klt. kymr.* bala] 96,3109; c. traie 96,3111. °-agere braire 96,3110. °aja Aye 96,3108. | arborem arbre 96,3104. -armant desarment 96,3106. -asmat pasme 96, 3107. -astrum o. mentastre 96,3105.

§ 77. Diese Tirade ist zu zerlegen in Tir. 138a (3104—7) mit a...e- und Tir. 138b (3108—11) mit ai-Assonanzen.

Zum Beweise dafür, dass der Diphthong ai niemals in weiblichen a-Assonanztiraden steht, sondern stets nur mit è gebunden vorkömmt, mögen folgende Rimarien dienen:

§ 78. 1) Vereinigtes Rimarium der weiblichen a-Tiraden: A:R-T. 100 (2481—93) und A.-T. 112 (2712—62):

-abiam Arrabe 84,2732. -aculat travaille 77,2483. -aoulum o. miracle 84,2735. -°adium o. gage [*got.* vadi] 77,2493. -aleat taille 85,2738. -°allam sale [*ahd.* salo] 84,2718 85, 2742. -°allas *npr. n.* Ales 84,2721. -allium o. paille 85,2737. -apia sage 77,2487. -apius sage 77,2488. -appas napes 84,2717. -°apulum o. chaple 84, 2729. -arbam barbe 84,2734. -°ardat | garde [*dtsch.* warten] 84,2723. -°argam *s.* barge 77,2481; a. large 84, 2731. armant arment 84,2722. armas armes 84,2730. 85,2740. 2761. -°arras barres 84,2720. -°asmum o. braame [*dtsch.* brachame] 84,2733. -assant passent 84,2719. 2725. -asta a. vaste [*dtsch.*] 84,2726. -°astat baste [*dtsch.* hast] 85,2743. -ateam place 85,2739. -°ateam mace 84,2724.

3*

-aticam ... -aticum tiaastes 85,2751; corosastes 85,2753;
... langage[?] 77,2492; creastes 85,2741; despoillastes 85,
... ombrage 77, 2756; donnastes 85,2749. 2760; esto-
... rivage 77, rastes 85,2745; ovrastes 85,2759; po-
... -atuunt sastes 85,2754; prononsiastes 85,2716;
... combatent 85,2741. reconfortastes 35,2758; refusastes 85,
... 81,2727. -atus 2748; resuscitastes 85,2755. -azarum
... a(v i)stis alastes Ladre 84,2736.
... 85,2747. 2757; bab-

§ 79. Das in Tir. 112 die Assonanz etwa störende *Moraive* ... darf mit dem dazu gehörigen Verse ohne inhaltliche ... gestrichen werden. Die betreffende Stelle lautet:
»Ves ai bien tous véus, sous Malconduit ou passent
»Les le bruillet foillu ou l'abéie est guste.
(»Faitez les gent armer par les vaus de Moraive;)
»Metez arbalestiers en .m. lieus ou en .m.
»Qui tuit treiront a eus quant il seront au chaple.«

Ausser diesem, überdies zweifelhaften Fall ist keine störende *ai*-Assonanz vorhanden.

§ 80. 2) Rimarium der è-ai-Tiraden.
A. des ersten Theils. Dasselbe umfasst die A-T. 31 (965—74), 35 (1042—54), 37 (1074—80), 72 (1876—89), 75 (1946—79).

-acere faire 61,1979. -*acere retaire 61,1959; traire 58,1889; 60, 1953; 61,1965. -actam faite 33,1053. -actas faites 61,1971. -aerere querre 33,1042; 58,1876. -aestat apreste 61,1972. -agror flaire 30,973. aquilae aigle 61,1964. aquilas aigles 61,1969. -atriat repaire 34,1078. -ella n. belle 30,967; 33,1046; o. belle 61,1958. -ellam belle 33,1054. -*ellam chapelle 31,1045. -ellas noveles 61,1978; selles 30,971. 72; 60,1951. -ellat apelle 33,1047; 58,1882. -*ellat estencele 60,1950. -erbam erbe 61, 1962. -erbas herbes 30,969; 58,1886. erdere perdre 33,1052. -erdita s. perte 34,1080. -erditam s. perte 33,1049. -*ergas herbegen [*ahd.* heribergn] 61,1975. -erna a. Paterne 60,1955. -*ernam npr. Aufalerne 58,1881; 60,1954. -ernum npr. o. Salerne 30,970. -*erra guerre [*ahd.* werra] 33,1050. -*erraetorum s. o. tertre 61,1961. -erram terre 33,1043; 34,1079; 58,1877. 79. 83; 60,1946. 48. 56; 61,1966. 69. 73. -*erram guerre 34,1076. -erras terres 30,965. -errem s. verre 60,1919. -*ersat converse 58,1878. 85. -esperum vespre 31,1077; 61,1977. -*essere estre 34,1075; 58, 1884. 88; 61,1974. 76. -*esseros estres 30,966. 68. -essimam pesme 61,1960. -essorem ancestre 33,1051; 34,1074. -estam teste 61,1963. 70. -estia beste 61,1967. estis estes 33,1048. -estram fenestre 60,1952. -estras fenestres 58,1887. -estrem m. terrestre 30,974. -*ettam npr. Rochefrete 33,1041. -*irguam vergue 58,1880. -itias mestresses 61,1957.

B. des zweiten Theils. Dasselbe umfasst die A-T.: 96 (2379—403); 109 (2676—82); 142 (3170—85); 154 (3348—54); 164 (3513—22).

-acere affaire 74,2381. 83,2679; faire 74,2392. 400; 98,3175. 78. 81; 104,3354; 109,3317. -aerere porquerre 104,3352; querre 74,2391; 83,2678; 98,3183; requerre 74,2382; 104,3351. -atriat repaire 98,3172. -atrium *o.* repaire 83,2681. *caram *s.* chiere 74,2396¹). -*eigaros *adv.* gaires [*ahd.* weigaro] 74,2397; 98,3176; 109,3515. -*ellae *a.* rebelle 104,3348. -ellam belle 74,2390. -ellant apellent 109,3514. 18. -e.las nouveles 109,3516. -ellat apelle 98,3174. -*ellat ventele 74,2394. -erdere perdre 74,2403. -erdita *s.* perte 83,2680. -*ernam *npr.* Aufalerne 74,2398. -*erraetorum *o.* tre 109,3513. -erram terre 74,2380. 84. 99; 83,2676; 104,3350. 53. -*erram guerre [*ahd.* werra] 74,2401; 83,2677. -ersam *a.* averse 109,3519. -*erta *p.* coverte 74,2383; 104,3349. -erulam *s.* poterne 74,2386. -*ervam *c.* servo 109,3522. -esperos vespres 74,2388; 98,3171. -essat apresse 74,2389. -*essere estre 74,3385. 93. 95; 83,2682; 98,3180; 109,3521. -estam feste 98,3170; geste 98,3184; teste 74,2402; 98,3179 82. 85; 109, 3520. -estant arestent 74,2387. -extram destre 98,3173. -*iterem *s. m.* erre 74,2379. -*itiam proece 98,3177.

§ 81. Wie die vorstehenden Rimarien beider Theile zeigen, ist der Diphtong *ai* durchweg nur mit *è* gebunden. Die oben vorgenommene Theilung der Tir. 92 und 138 muss also nothwendig eintreten.

§ 82. Die Betrachtung der bis zu diesem Punkte behandelten Tiraden hat die meisten übrigen beider Theile in Mitleidenschaft gezogen, hat in sprachlicher Hinsicht klargelegt, dass thatsächlich, wie die Herausgeber behaupten, zwei Verfasser der Aye d'Avignon vorliegen.

Es gelang im **ersten Theil**, die Mischung von *u.* und *e.* für die **männlichen** wie **weiblichen** Tiraden zu entfernen,

---

1) Das die *è*-Assonanz störende *chiere* 74,2396 ist mit den dazu gehörigen Versen einem ungeschickten Interpolator zuzuschreiben. Es steht in folgendem Zusammenhang:

2394 La dame vit la barbe qui au pis li ventele
  (Qu'il avoit bele et blanche, mes n'i soloit pas estre,
  Et la char blanchoier par de desor la chiere.)
  Pur poi nel reconnut; mais ne regarda gaires.

Die in Klammern gesetzten Verse sind zu tilgen.

wenn auch in einigen **weiblichen** Tiraden diese Mischung in der uns vorliegenden Fassung des Gedichtes bereits als eine sehr stark ausgeprägte anerkannt werden musste. In allen hiernach auszuscheidenden Stellen des ersten Theiles ließ sich aber, namentlich auch unter Herbeiziehung stilistischer Beobachtungen **die Hand des Fortsetzers** erkennen.

§ 83. Ist aber nun der **zweite Theil** thatsächlich die selbstständige Erfindung des Fortsetzers resp. Überarbeiters des **ersten Theils?** Die folgende Untersuchung, namentlich der **weiblichen** *i*-, wie der *ò*- und *oi*-Tiraden, wird auch diese Behauptung der Herausgeber einschränken und darthun, dass der vermeintliche Verfasser des **zweiten Theils** auch diesen nur, wenn auch in weit stärkerem Masse als den **ersten Theil**, überarbeitet hat.

Die weiblichen i-Tiraden des I. Theils.

§ 84. Tir. 17 (462--90) und 42 (1175—92) zeigen **Reime**; wir können daher ein **gemeinschaftliches Rimarium** geben:

-o+ata p. agenoillie 15,462. -o+atam p. pale 16,486. -°ëcat deprie 15,464. -ënior sire 37,1184. -ëtam a. serie 16,485. -°la chevalerie 16,494; compaignie 37,1175. -iam Marie 16,487. 491. 498; Pavie 15,478. -°iam s. envale 15,468; felonnie [ahd. fillo] 15, 460; praerie 16,481; npr. Tabarie 16,496. -°iat i. annuie 16,484. -i+ata p. effreie 37,1182; glucie 15,475. -i+atam p. drecie 15,463; lancie 15,470; pecole 15,471. -icam mie 16,482. 488; 37,1179. 1186. -icat i. reflanbie 15,167. -idat c. ocie 16,499. -idiam demie 16,479. -igat i. deslie 37,1187. -igatam p. treslie 15,476. -°isam s. alie 15,474. -ita p. departie 37,1183; endormie 37,1181; esperie 37,1189; faillie 16,493. -itam s. bondie 37,1191; escueillie 37,480; lingnie 16,495; partie 15,477; vie 15,465; a. florie 15,469. 492; forbie [ahd. furban] 15,472; 16,490; 37,1188; bardie [dutch bart] 16,183; p. changie 16,497; departie 37,1180; florie 37,1185; voutie 16,189; npr. Chargie 37,1177. -itat i. escrie 37,1178. 1190. guie [got. vitan] 37,1170; c. rougie 15,478. -juta aye 37,1192.

§ 85. Die sieben in diesen Tiraden vorkommenden Fälle, in denen *ie* auf *i+ata(m)* resp. *c+ata(m)* zurückgeht, gehören

Versen an, welche ohne Störung der Handlung zu streichen und dem Interpolator und seiner Vorliebe für Reime, zuzuschreiben sind. Sie weisen noch deutlicher als die früheren Interpolationen in den a_n- und e_n-Tiraden darauf hin, dass der **Überarbeiter ein Picarde** gewesen ist.

§ 86. In Tir. 17 kommen auf diese Weise als **Wiederholungen von bereits Mitgetheiltem** zum Wegfall: *agenoillie* 15,462, *drecie* 15,463 (cf. § 61 Anm.); ferner können *lancie* 15,470, *peçoie* 15,471, *glacie* 15,475 fehlen, ohne eine Lücke in der Erzählung zu ergeben:

> 15,468 A Garnier de Nentuel a fet une envale;
> Grant cop li va donner sor la targe florie.
> (Que Garniers seur sa teste ot, por le cop, lancie
> Desoz la boucle d'or la li a peçoie.)
> Une piece enporta a l'espee forbie.
> De la feri l'espee sor l'iaume de Pavie,
> A l'iaume n'a mefet la monte d'une alie;
> (Lez la senestre espaule est l'espee glacie).
> .C. mailles emporta de la broingne treslie.

Endlich darf *paie* 16,486 als Einschub betrachtet werden:

> 485 A li meisme dit basset, à vois serie:
> (»He! Garniers de Nentuel, quele la t'a paie!)
> »Se ne vos en vengiez, par Dieu le fiz Marie,
> »Je morrai de corroz . . . . .

§ 87. In Tir. 42 ist *effreie* 37,1182 zu entfernen. Dasselbe findet sich in folgender Verbindung:

> 37,1181 La dame ert en sa chambre ou estoit endormie,
> Et ot songié .i. songe dont moult ert effreie:
> Que Karles revenoit et s'ost iert departie;
> Devant li en sa chambre entroit Garniers ses sire,
> Et elle li tendoit une rose florie;
> Li dus, par maltalent, n'en voloit prendre mie,
> .i. anel li toloit et son chief li deslie,
> Si la voloit ferir d'une espee forbie.
> Du duel que elle avoit est la dame esperie.

Es ist also von einem Traum der Aye die Rede. Der Inhalt desselben hat indessen mit dem Verlauf der Handlung nichts zu thun, und erweist sich diese Stelle daher um so mehr als Interpolation, als sie einer fast reinen Reimtirade angehört. Veranlassung zur Einfügung dieses Traumes mag der ganz analoge Traum des **zweiten Theiles**, welcher dort wohl um

Platze ist, gegeben haben[1]). Durch Wegfall obiger Stelle schwindet auch die beanstandete Kürzung von *iée* zu *ie*.

§ 88. Keine solche picardische Formen auf *ie* statt *iée* weisen dagegen die Assonanztiraden 7 (181—204), 13 (343—73), 28 (912-36), 30 (959—64), 36 (1055—73), 54 (1360—97), 56 (1418—45), 59 (1506—18), 60 (1519—38), 84 (2188—98), auf. Ich gebe für sie ein:

Gemeinsames Rimarium.

-aesam quise 29,918. -ecerunt firent 43,1381. -énerunt detindrent 47,1507. -eniant engingnent 47,1506. -ěnier sires 7,186; 44,1422. 1428; sire 33,1061; 45,1439; v. sire 45,1437. -e(n)sa *s.* marchise [*ahd.* marka] 29,927; *p.* prise 48,1529. -e(n)sam *s.* marchise 33,1067; *p.* prise 7,189. -ěrias filatieres') 12,349. -ěrium *o.* empire 7,188. -*ésam asise 7,195; 43, 1385. -éta *a.* serie 43,1379. -*ia baronnie 44,1426; chevalerie 7,198; compaignie 48,1530; galie (?) 45,1438. -*iam baronnie 12,372; 48,1535; chevalerie 12,370; 43,1364; compaignie 7,201; 29,928; 43,1394; 47,1512; felonie [*ahd.* fillo) 7,202; 12,352; folie 7,203; 43, 1395; galie 29,920; 47,1520; garantie [*ahd.* wērēn] 68,2194; legerie 12,364; mainbornie 43,1390; manentie 43,1370; 44,1421; navie 43,1367; painnie 68,2198; segnorie 45,1434; *npr.* Aiglie 68,2190; Aumarie 29,916; 68,2192; Barbarie 43,1374; Mahommerie 47,1524; Marie 43,1387; Monsenie 12,363; Sulie 29,914; 47,1519. 1522. -ibras livres 11,346; 33,1065. -ica amie 33,1066; *v.* amie 29,931; 47,1516. -icam amie 7,185; *a.* enemie 29,925; *part.* mie 12,355. 65. 67. 69; 29,934; 30,961; 33,1055. 1060. 1068. 1073; 43,1372. 1377. 1391. 1896. 44,1424; 45,1433. 1445; 47,1518; 48,1537; 68,2189. 2193; *npr.* Aufrique 12,357; 43,1379; 44,1420. 1423. -icas *c.* dies 48,1538. -icat *i.* brunie 12, 362; otrie 43,1378; *c.* die 7,204; maudie 47,1511. -icere dire 47,1515; escondire 12,353. -*icham riche [*ahd.* richi] 45,1429. -*ichos riches 33,1069. -ichus riches 45,1440. -iota dite 12,350. -idat *c.* ocie 33,1064; 47,

---

1) 78,2517. Et a songié .1. songe par grant devision: Que sa cité ardoit en feu et en charbon, Et avoit devant li .11. ours et .1. lion. Guyonnet est devant, trestous nus, au perron; Les .11. ours le geterent en la gueule au lion. Amont devers le ciel vint volant .1. grifon; En ses ongles prenoit l'enfant et le lion, Si l'en portoit volant vers les nues amont, Tot droit vers Aufalerne le getoit lez la tour.

2) Godefroy führt unter *filatiere* zwei weitere Belege an, in denen *filatire* mit i...e gebunden ist. Allerdings auch einen Fall *philateres*: lerres (Couronnem. Renart. 472, Méon). Dagegen vergl. auch den bei Schultzke: »Betontes e+i etc.« p. 24 aus dem »Rom. de Rou« 5717 angeführten Reim: *filatiere : eslire*.

1521; rie 48,1536; 68,2196. -ídere ocire 33,1056; 42,1361; rire 45,1443. -íderunt ocistrent 45,1431. -ídiam envie 7,197. -ígat *i.* lie 7,184. -*ilas *npr.* Miles 12,349. 59. -ília *o.* conciles 7,187. -íliam *s.* vegile 11,344; Marcille 12,360; Sesile 48, 1533. -íllum *o.* concile 7,196; 42,1362; consille 48,1534; *npr.* Basile 11,343; 43,1371. 1380. -ína roinne 45,1442. -ínam roinne 7,191; sauvagine 29,930; *npr.* amoravine 7,193; *a.* marbrinne 33,1062. -*ínam *s.* ermine [*ahd.* hermelin] 29,915. insula illes 44,1418. -ípam rive 29,924; 47,1508. -ípta escrite 47,1525. -íquam entie 29,917; 44,1425. íram ire 43,1386. -ísae mise 7,194. -ísam mise 43,1383; 45, 1441. -*íscunt *pr.* escremissent [*ahd.* skirm] 44,1427; 45,1435. -íserunt pristrent 44,1430. -ísium *o.* Frise 12,361. -*ísset garisse [*ahd.* werjan] 43,1365. -*íta *s.* tabourie [*arab.* tonbûr] 30,961; *p.* sfeblie 7,199; esbahie 29,913; garie 30,959; 33,1071; garnie [*ahd.* warnôn] 43,1368; honnie [*ahd.* hònjan] 29,921; 33,1058; 47, 1514; marrie 43,1384; norrie 47,1513; reverdie 7,183. -*íta *s. o.* merite 33,1059. -ítae afoye 29,932. -ítam *s.* baillie 30,960; 45,1432; bondie 12,373; desertie 29,929; garantie [*ahd.* wĕrèn] 29,936; vie 7,200; 12, 354; *a.* joüe 6,181; *p.* apovrie 29, 926; emplie 47,1528; esbahie [*naturlt.* bah] 68,2188; furbie 12,371; garnie 47,1523; guerpie [*got.* vaírpan] 29, 933; honnie 12,378; 68,2197. -*ítant guient [*got.* vitan] 33,1070; 43,1382. -ítas *s.* vies 30,963; *p.* forbies [*ahd.* furban] 30,962; 33,1057; replenies 44,1419. -ítat crie 29,912; 43,1386; 45,1436; 68,2195; escrie 12,366; 47, 1509. -ívat avive 33,1072. -ívere vivre 43,1366. -íverunt oirent 12,351. -íxas *s.* afiches 12,347. -júta aïe 45,1444; 47,1510. 1517. -jutat aïe 29,923. -yolus *s.* bericle 12,358. -yrium *n.* tire 12,356; *o.* martire 29,922. -ysium Denise 7,190; 33, 1063; 43,1360. -yssimum *o.* abisme 43,1369.

§ 89. Sämtliche weibliche *i*-Tiraden von Theil I bestätigen also die Vermuthung, dass das ursprüngliche Gedicht von einem Picarden interpolirt ist.

Die weiblichen i-Tiraden des II. Theils.

§ 90. In der Fortsetzung findet sich nur eine Reimtirade auf *ie*, und zwar ohne Kürzung von *iée* zu *ie*:

Tir. 125 (2923—29).

-*ía compaignie 90,2927. -*íam cortoisie 90,2926; felonie 90,2925 -ícam *part.* mie 90,2923. -ídat ocie 90,2924. -íta malescherie [*ahd.* skarjun] 91,2929; vie 90,2928.

§ 91. Von den fünf Assonanztiraden desselben Theiles sind zwei ebenfalls frei von obiger Eigenthümlichkeit:

Tir. 93 (2336—57) und Tir. 145 (3209—23).

-eniat *pr.* engigne 72,2343; 99,3212.
-ēnior sire 73,2350; *v.* sire 99,3213.
-ērium *o.* empire 99,3215. -*ēsa
nsiass 73,2354. -*ĭam chevalerie 73,
2351; folie 100,3219; painennie 72,
2337; 100,3222. -īcam *part.* mie
99,3214; 100,3220. -īcat *i.* detrie
72,2347; *c.* die 100,3221. -īcere dire
73,2356. -*ĭcham *a.* riche 73,2352.
-*ĭchi *s.* riche 99,8210. -*ĭchum *a.*
riche 72,2345; 73,2349. -*ĭcunt dient
99,3209. -īdam *c.* ocie 73,2357.
-īlia *n.* mille 73,2355. -īllas villes
72,2338. -īna roinne 99,3211; 100,
3118. -īnam baupine 72,2340. -īnas
medecines 72,2341. -īra ire 99,3216.
-īsam Pise 72,2336. -*ĭsas guises
[*ahd.* wīs] 72,2339. -īta *p.* replenie
72,2342. -ītam *s.* commandie 99,
3217; *a.* florie 72,2346; garnie 72,
2344. -īvunt vivent 73,2353 -jutat
aīe 100,3223. -yslum *o.* Denise
73,2348.

§ 92. Da die beanstandete Kürzung auch in diesen drei angeführten weiblichen *i*-Tiraden des zweiten Theils fehlt, so spricht nichts dagegen, die Autorschaft derselben dem Dichter des ersten Theils zuzuschreiben. Die Thätigkeit des ursprünglichen Dichters würde sich also auch auf die Fortsetzung erstrecken, eine Vermuthung, die durch die übrigen weiblichen *i*-Tiraden des zweiten Theils bestärkt wird. Von diesen liegen noch drei vor.

§ 93. 1) Tir. 130 (2990 - 3000).

-ariam Baivire 92,2991. -x+ata
p. laissie 93,2995. -o+atas tranchies
93,3000. -ētro *adv.* derrire 93,2996.
-g+ata *a. v.* renoīe 93,2997. -i+ata
s. chalengie 93,2994; chevauchie 93,
2993. -i+atam *s.* mesnie 93,2992;
p. abaissie 93,2998. -i+atas *p.* bais-
sies 92,2990. -ītam *p.* cherie 93,2999.

§ 94. Diese Tirade scheint nicht von dem ursprünglichen Dichter herzurühren; aber nur auf den ersten Blick bewahrt dieselbe das durch die Kürzung von *iée* zu *ié* erscheinende picardische Gepräge; denn gewaltsam gebildete Wörter wie *Baivire* 92,2991 statt *Baiviere* und *derrire* 93,2996 statt *derriere* verrathen den ungeschickten picardischen Überarbeiter. Ohne Änderung oder Auslassung lassen sich die ursprünglichen Formen einsetzen und so eine reine *ié...e*-Assonanztirade erzielen.

Das einzige Wort *cherie*, welches der Umschreibung Widerstand leistet, steht in einem um eine Silbe zu langen Verse, der aber durch Einsetzung des naheliegenden *chiere* ohne Weiteres berichtigt wird.

§ 95. 2) Tir. 168 (3575—676).

Rimarium:

-aeta *a.* lie 113,3671. -*ëoo prie 111,3579; 112,3618; 113,3663; 114, 3676. -*ëcat prie 111,3598. -ètam *s.* complie 111,3587. 3599. -*iam buronnie 113,3665; chevalerie 111, 3586; compaignie 111,3603; cortoisie 112,3623; 113,3651. 3666; galie 112, 3626. garantie 113,3656. 3661; navie 111,3597; 112,3610; 113,3659; paiennie 112,3611; vilennie 113,3652. -icam *c.* die 113,3653; *part.* mie 111,3576. 3593. 3595. 3596; 112,3604. 3605. 3609; 112,3616. 3621. 3628; 113,3613. 3648. 3673. -icat *c.* beneie 112,3622; die 111,3594; 112,3620. maudie 111,3584; 113,3662. -ico otrie 113,3667. -i+ata *p.* asouagie 111,3585; bataillie 113,3650; vengie 113,3672. -*ata *p.* rehaitie [*got.* gahait] 111,3600. -i+atam *s.* detrie 111,3580; *p.* aprochie 111,3592; -idiam envie 111,3601. -imat *i.* lermie 112,3613. 3633. -ipsimi meisme 111,3577. -isat *i.* ravise 112,3614. -īta *s.* lingnie 111,3583; *a.* seignorie 111,3589; 112,3635; *v.* seignorie 113, 3639. 3658; *p.* afeblie 112,3606; colorie 111,3590; esbaie 111,3582; esjoie 112,3631. 3634; traie 112;3608. -itam *s.* baillie 112,3617; 113,3649; connestablie 112,3624; departie 112, 3637; lingnie 111,3583; 112,3630; 113,3640; partie 112,3619; 113,3645; traitie 112,3636; vie 111,3591; 112, 3632; 113,3641. 3655. 3664. 3669. 3675; *a.* eschevie [*ahd.* skafjan] 111,3578; forbie 113,3657; hardie [*ahd.* hart] 112,3629. 3638; paiennie 112,3625; 113,3646. 3650; voltie 111,3588; rostie 112,3612; 113,3644. 3654; *p.* apovrie 113,3642; assillie 113,3670; florie 112,3607; guenchie [*ahd.* wankjan] 111,3581; haye [*got.* hatjan] 111,3602. -itat *c.* acharie 113,3647.

§ 96. Mit zwei Ausnahmen: 111,3577 *meisme* und 112,3614 *ravise* enthält diese Tirade nur Reime auf *ie*, eine Thatsache, die von vorn herein schon für eine starke Überarbeitung spricht. Die Kürzung von *iée* zu *ie* findet sich in sieben Fällen, jedoch sind sämtliche dem Interpolator zuzuschreiben.

111,3580 *detrie* gehört einem Verse an, der aus folgendem Zusammenhange gestrichen werden kann:

> 111,3579 »Alez dont«, fet Ganor, c'est quan que je vous prie«
> (Cil montent es chevaus, que n'i ont fait detrie)
> De ci ou fu dame Aye n'ont lor rene guenchie.

asouagie 111,3585 schwindet, wenn wir, was anstandslos geschehen kann, 3585—87 tilgen. Die betreffende Stelle lautet:

> 111,3581 De ci ou fu Dame Aye n'ont lor rene guenchie.
> Qui estoit de la guerre durement esbaïe
> Que Miles li dut faire et la fausse lingnie

> Et la parage Ganes, qui le cors Dieu maudie!
> (Assez tost en sera dame Aye assouagie,
> Se Diex sauve Ganor et sa chevalerie,
> Ainsi com vous porrez oîr ainz la complie.)
> Guyon s'en est montez en la sale voltie.
> La ou sa mere estoit ......

aprochie 111,3592 lässt sich sich ebenfalls beseitigen, denn an 3588. 89:

> Guyon s'en est montez en la sale voltie
> La ou sa mere estoit Aye la seignorie

schliesst sich mit Übergehung der drei Verse 3590—92 sehr gut an:

> 3593 Dame Aye le regarde, mes ne le connut mie.

Auch von den Versen 111,3598—601:

> Dame, ce dist Senson, par le Dieu, que l'en prie,
> Vos ne saurois ja tost ainz l'eure de complie;
> Mais tant vos di je bien que soiez rehaitie,
> Qu'il n'ont de vous mal faire volenté ne envie

lassen sich die beiden letzteren ohne Störung entbehren, und ist nach Streichen derselben ungehindert fortzufahren:

> 3602 Venus vous sont aidier vers la geste haye.

Somit wäre das im Wege stehende *rehaitie* vermieden.

Zu entfernen ist auch der **Zusatz** 113,3650:

> En la tor d'Aulalerne qui si est bataillie,

welcher dem Leser den bekannten Aufenthaltsort der Aye in der Gefangenschaft bei König Ganor nennt. Der voraufgehende Vers:

> Li rois Ganor vous tint jadis en sa baillie

genügt zum Verständniss.

Endlich sind noch die beanstandeten Verse 113,3671. 72

> De Paris la cité ne seroie si lie
> Com se la mort Garnier mi sire estoit vengie

zu tilgen.

Aye d'Avignon, im Gespräch mit ihrem Sohne, wünscht, dass König G a n o r ihren Widersacher M i l o n tödten möge:

> 13,3667 Car pleust au Seignor qui fu nez de Mari[e],
> Que a Milon le fel eust tolu la vie,
> Qui si m'a mon païs et ma terre assaillie

Hieran schliesst sich die Antwort des Sohnes:

> 114,3673 Dame, ce dit Guyon, ne vous en doutez mie.

Alle P i c a r d i s m e n sind somit zu entfernen. Hierdurch wird die sprünglich weibliche i-Tirade hergestellt.

§ 97. 3) Tir. 179 (4030—70):

-c+atam *p.* tranchie 124,4033. -*éco prie 125,4043. 4068. -étam *s.* complie 125,4058. -iam *s.* bachelerie 125,4050; baronnie 125,4044. 4059. 4066; chevalerie 125,4049; compaignie 125,4016; mennencie 125,4039; praerie 125,4036; rotie 124,4034; vilennie 125,4063. -i+ata *p.* depecice 125,4048. -icam *s.* amie 125,4067; c. die 125,4057; *part.* mie 125,4042. 4062. 4064; 126,4070. -icat *i.* festie 125,4053; otrie 125,4041; c. beneie 125,4065. -*idat *i.* fie 125,4055. -*idium *a.* lige 125,4047. -ilia *s. n.* mile 125,4035. -ipsimum meisme 125,4038. -Ita *p.* colorie 125,4052; esbahie 124,4030; fouye 124,4031; honnie 125,4061. -itam *s.* partie 124,4032; vie 125,4040. 4045; *a.* eschevie 125,4056; hardie 125,4054; paiennie 126,4069; *p.* aqueillie 125,4051; asouvie 125,4060. -Itat crie 125,4037.

§ 98. Wie das Rimarium zeigt, liegen auch hier Reime auf *ie* vor. Die beiden Fälle 125,4035 *mile* und 125,4038 *meisme* sind die einzigen Ausnahmen. Kürzung von *iée* zu *ie* zeigt sich 2mal; jedoch können wir die betreffenden Verse auch in diesem Falle dem Interpolator zuschreiben.

124,4033 *tranchie* beschliesst den nichtssagenden Ausrufssatz:

La veissiez le jor tante teste tranchie!

welcher zwischen folgenden Versen fortzulassen ist:

4032 Enclos sont de Ganor de chacune partie.
4034 La gent Milon orent si lor rotie
       Que . . . . . .

In gleicher Weise streiche man 125,4048:

Atant fu la bataille sevrée et depeciee

zwischen:

4046 li ont juré . . . . . .
     Qu'i li porteront foi com lor seignor droit lige.
     Diex! com fu grant l'eschec c'ot la chevalerie!

Nach Entfernung beider Verse stimmen also die Sprachformen dieser wie aller anderen *i....e*-Tiraden von Theil II mit denen der *i....e*-Tiraden von Theil I überein. Daraus ergiebt sich doch wohl, dass die ursprüngliche Redaction des zweiten Theils ebenso wenig wie die des ersten Theils picardischen Ursprungs gewesen sein kann, dass vielmehr beide Theile von einem picardischen Überarbeiter, wenn auch in ungleicher Weise, überarbeitet worden sind.

§ 99. Eine neue Bestätigung der Richtigkeit und eine weitere Präcisirung unserer früheren Resultate geben uns die männlichen ò- und oi-Tiraden, insofern, als sie den Beweis liefern, dass an keiner Stelle, weder des ersten Theils noch auch der Fortsetzung eine Mischung der Imperfectendungen ot und oit (eit) zu beobachten ist.

Die männlichen ò-Tiraden aus Theil I.

§ 100. Tir. 58 (1481—1505) und Tir. 64 (1632—44).

-abat achetot 46,1485; amot 51, 1634; arivot 46,1483; estot 46,1493. -abuit ot 46,1490. -acuit plot 46, 1491. -apuit sot 51,1632. aurum or 46,1489. 1491; 51,1642. -ollum col 46,1494; 51,1643 -öluit vot 51, 1637. -orpus o. cors 47,1497; 51,1611. -*orrosus s. cros 47,1504. -*orte adv. fort 47,1502. -ortem s. mort 47,1503. -*ortium s. o. effors 51,1633. -orto port 51,1638. -ortum port 46, 1482; 47,1498. 1505; 51,1640; tort 46,1487; 51,1635. 1639. -ortuos a. mors 46,1496. -ortuus a. mort 46, 1486. -*ōrum npr. Ganor 46,1492; 51,1636. -ōrus npr. Ganor 46,1481; 47,1501. -ōs pron. nos 51,1644. -ostem ost 47,1500. -*ōti npr. Baligot 47,1599. -*ōtum npr. Mandrot 46,1495. -*attum (?) s. sot 46,1488.

Die männlichen ò-Tiraden aus Theil II.

§ 101. Tir. 99 (2450—80) und Tir. 156 (3366—80).

-abat alot 76,2477; áprestot 77, 2478; fiot 104,3376; menjost 76,2459. -abuit ot 76,2458. 2462. 2466. -acuit plot 76,2471; 104,3366. -audit ot 76,2455. -aurum or 76,2473; 77,2479; 104,3371. -*aurum (?) a. sor 76,2472. -ausit reclost 76,2454. -ausum p. desclos 76,2475. -ollos cols 104,3374. -*oppum adv. trop 105,3380. -orris adv. dehors 76,2451; fors 104,3374. -ormit endort 76,2460. 2469. -orpus o. cors 104,3373. -ortem a fort 105,3379. -ortes a. n. fort 76,2468. -ortes s. pors 105,3378. -ortum port 76,2476; tort 104,3367. -ortues a. mors 104,3375. -ortuus a. mors 76, 2461. -*ōrum npr. Ganor 76,2464; -*orus npr. Ganor 76,2452. 2456. 2474; 104,3369. -ōsitum s. prevost 76,2450. -*ossos s. javelos [ags. gafluc?] 104, 3372. -ostem s. ost 76,2453. -ostes n. os 104,3368. -*ostum adv. tost 76,2460; 77,2480. -ōtuit pot 76,2467. -*ōtum npr. Guyot 76,2463; Margot 76,2457. 2465. -uper adv. sor 104, 3370.

§ 102. Die angeführten ò-Tiraden beider Theile weisen also die Mischung von *abat* mit *acuit*, *ollum* etc. auf. Eine solche ist aber nur in der normannischen Mundart zulässig.

§ 103. Abweichend von den obigen ist allein die im zweiten Theil enthaltene ò-Tir. 91 (2311—27):

aurum n. or 72,2316. -ebat estoit 72,2320. -*ellos s. eisos 72,2324. -ollum col 72,2319. -*öra+s part. lors 71,2315; 72,2322. 25. -ŏris part. hors 71,2312. -ŏros s. fors 72,2321. -*orpos s. cors 72,2326. -orpus s. o. cors 71,2314; 72,2317. -*ortos s. depors 72,2327. -*ortum s. deport 72, 2318. 23. -ortuus a. mors 71,2311. -*ostum adv. tost 71,2313.

§ 104. Das Rimarium dieser Tirade zeigt auffälligerweise *estoit (ēbat)* in ò-Assonanzen. Diese in allen Dialecten unstatthafte Erscheinung können wir selbst dem picardischen Überarbeiter nicht zuschreiben, dieselbe ist also wohl lediglich dem Schreiber zur Last zu legen. Für diese Annahme spricht auch noch das weitere eigenthümliche Assonanzwort *sisos*.

Die männlichen oi-Tiraden aus Theil I.

§ 105. Tir. 65 (1645—65) und Tir. 87 (2215—34):

-é moi 51,1646; 69,2223; toi 51, 1657. -ebat estoit 51,1656; 69,2226. -ectum s. droit 51,1658; 52,1663. -ectus s. drois 69,2217. 2219. 2225. -ēgem m. roi 51,1647; f. loi 51,1655. -e(n)ses npr. n. François 51,1649; 68,2215; 69,2229; o. François 69,2233. -e(n)sis s. cortois 51,1645; 68,2216. -ēre avoir 52,1661; recevoir 51,1648. -*ērem oir 52,1662. -ēs num. trois 69,2231. -*ēset c. poist 69,2221. -ētis c. gardois 69,2224; fut. aurois 51,1652; revenrois 69,2228; serois 69,2227. -etum p. tolet 51,1659. -*ētum npr. Monsegroi 51,1651. -ētus p. cheois 51,1654. -*īat c. soit 51,1650; 52,1660. 1664; 69,2222. 2234. -ĭcem fois 69,2218. 2220. -īco otroie 51,1653. -īdit voit 52,1665. -ōsum s. o. encrois 69,2230.

§ 106. Einer besonderen Betrachtung bedarf die Reimtirade auf *ois*

23 (723—44):

-*ausium s. o. choix [got. kiusan] 23,733. -ectus s. drois 23,723. 31; -eges s. o. lois 23,727. -e(n)sem s. mois 23,740. -e(n)ses s. o. mensois 23,738; npr. o. Francois 23,732. -e(n)sis s. cortois 23,742. -ētis pr. i. entendois 23,725. 30. 43; prenois 23, 724; c. sachois 23,728; fut. orrois 23,744. -ĕx rois 23,739. 41. -ĭcem s. fois 23,737. -icti p. maleois 23, 726. 29. 34. -ictus p. maleois 23,736. -ipsum adv. encois 23,735.

§ 107. Diese Tirade ist sicherlich dem ursprünglichen Dichter abzusprechen. Auffallend sind 23,725. 30. 43 *entendois*, 724 *prenois* als eigenthümliche Präsensformen auf *ois*, welche aber auch sonst vorkommen, bis vor kurzem jedoch nur für die 2. Plur. Fut. durch Assonanz und Reim erwiesen waren. Analoge Schreibarten (auf *eis*) finden sich im Hildesheimer Alexius. Reimbelege bieten dagegen die Vies des anciens pères. Vgl. Schwan, Romania XIII, 258, wo Anm. 2 ein Artikel über diese Frage von der Redaction in Aussicht gestellt wird.

Die männlichen oi-Tiraden aus Theil II.

§ 108. Tir. 98 (2420—49) und Tir. 107 (2632—53):

-ē *pron.* soi 75,2426. -ēbeo doi 75,2429. 75,2437. 2441; 81,2633. *s.* conroi [*nld.* rêden] 75,2436. 2444. -ēges *o.* rois 82,2642. *s.* garois [*dtsch.* wargus] 75,2421; marchois [*ahd.* marka] 82,1653; mois 82,2644; *a. m.* espengnois 75,2428. -e(n)ses *a. m. o.* grejois 82,2646; sarrasinois 81,2636. -*e(n)set *c.* contrepoist 82,2643; poist 75,2431. -e(n)sis *a. m.* cortois 75,2420; 76,2447. -*e(n)sis *npr.* Ardenois 81,2632. -e(n)sum *s.* defois 81,2637. 2639. -ēbat estoit 75,2435; 76,2446; prenoit 75,2434. -ēotus *s.* drois -*ēdem -e(n)sem -*e(n)sum *npr.* Avalois 82,2650; Marsois 82,2649. -ēre avoir 82,2615. 2652. -ēsum *s. o.* orfrois 75,2422; 76,2448. -ētis *c.* deseritois 81,2634; *fut.* demourois 75,2439; ferois 75,2438; porrois 75,2440; verrois 75,2429. -ēx rois 76,2449. -*.at *c* soit 75,2442; 82,2651. -Icem *s.* fois 81,2635. -Ico otroi 75,2433; 82,2648. -idem *s.* foi 75,2432. 2443. -*idem *npr.* Bonnefoi 76,2445. -igidi *a.* froit 82,2641. -igitum *s.* doi 75,2424. 2430. -isoum *s.* dois 82,2640. -itim *s.* soif 75,2427. -ivem+s *s.* nois 75,2423; 81,2638.

§ 109. Eine Mischung von *abat* und *ebat* ist also nirgends in den *oi*-Tiraden beider Theile zu beobachten, ein Umstand, welcher die normannische Abkunft beider Theile, wie sie sich schon aus der Betrachtung der *ò*-Tiraden ergab, ausdrücklich bestätigt. Beachtenswerth ist hier noch, dass der picardische Überarbeiter beider Theile an diesen Tiraden, wenigstens so weit die Assonanzen und Reime erkennen lassen, sich kaum vergriffen zu haben scheint; oder sollte etwa auch in dem Dialecte des Überarbeiters die normannische Trennung von *oi* und *oit* üblich gewesen sein? Es würde dann anzunehmen sein, dass dieser Dialekt auf der Grenze der Normandie und Picardie zu suchen wäre, während der Dialekt des ursprünglichen Gedichtes mit seiner scharfen Scheidung von *ant* und *ent*, wie von *i...e* und *ie...e* auf eine westlichere Gegend hinwiese.

Anhang.

Ein ganz ähnliches Verhältniss, wie zwischen den Theilen der Aye d'Avignon, scheint auch in einer Reihe von anderen Gedichten zu bestehen, so z. B. zwischen den beiden Bearbeitern der Chanson von Raoul de Cambrai. Auch hier ist in dem ersten Theile *an* und *en* im Wesentlichen gesondert, im zweiten Theile vollständig vermischt[1]).
(Cf. p. LXV resp. LXXIV ff. der eben erschienenen neuen Ausgabe von P. Meyer und Longnon.)

Im ersten Theile begegnet sogar eine Tirade, welche nach P. Meyer (p. 380 Anm.) in eine *ent*- und *ant*-Tirade zu zerlegen ist (cf. Tir. 14 und 15 der Aye d'Avign.); p. LXVIs meint er zwar noch, dass die zweite Tirade von 5365 an aus einer *ant*-Tirade, die mit einigen Endungen auf *ent* gemischt sei, bestehe, jedoch lässt sich diese Mischung, welche nur in den Zeilen 5367 und den beiden Schlusszeilen der Tirade vorhanden ist, auf das Leichteste beseitigen, wenn man nämlich 5367 liest:

<blockquote>A sa voiz haute va Bernier escriant</blockquote>

und die beiden überflüssigen Schlusszeilen tilgt. Auch die Verse 4281. 82 und 85 mit Reimen auf *ant (ans)* in einer *ent*-Tirade sind leicht zu entfernen, wenn man 4281—83 so ändert:

<blockquote>Biax nies, dist elle, jel sai a escient,
De ceste guerre vos morrez erranment.</blockquote>

und 4285 streicht.

Ebenso sind auch die übrigen Fälle zu vermeiden, in denen *ent* die Reime auf *ant* stört.

---

[1] Umgekehrt ist, wie das schon P. Meyer p. 263 seines Artikels über »An et En toniques« betont, das einschlägliche Verhältniss in den beiden Theilen des Gaydon. Cf. Ausg. u. Abh. III. p. 57.

Es ist zu lesen:
> v. 47 Puis apella dex barons combatans.
> v. 1258 Sous Origni ot .ı. bruel bel et grant
> v. 2407 O lui si fil qi hardement ont tant
> v. 4560 Qi tost desoivrent les vassals combattans (*cf.* 3720).

Durch einfaches Streichen kommen v. 706 und 3718 in Wegfall. v. 4557 schwindet, wenn man ihn mit dem folgenden vereinigt und liest:
> Lors nus des .ıı. n'en alast ja gabant.

Nicht erwähnt sind von P. Meyer die störenden Verse 3708, 4554 und 470. Während der erste gestrichen werden kann, der zweite durch Zusammenziehen mit 4555 zu:
> Gautiers respont: »tu n'iras ja avant«

schwindet, bietet der letzte 470:
> La merci Dieu, le pere omnipotent

die einzige Schwierigkeit von allen in Frage kommenden Fällen.

Die im ersten Theil des Raoul der Scheidung von *ant* und *ent* entgegenstehenden Fälle deuten grade so wie im ersten Theil der Aye d'Avignon auf einen picardischen Überarbeiter des ursprünglich westfranzösischen Gedichtes hin. Auch für den Raoul wird diese Behauptung noch durch zwei im ersten Theil vorkommende picardische Kürzungen von *iée* zu *ie* unterstützt, welche ebenfalls als Interpolationen zu entfernen sind. v. 1898 *commencie* schwindet, wenn man ihn mit 1899 vereinigt und liest:
> Marcent vo mere mar fu arce ou brute.

v. 1901 *percie* ist zu streichen und 1902 fortzufahren:
> Mainte broigne iert rumpue et dessartie
> Ains que la terre li soit ensi guerpie.

Ein ganz ähnliches Verhältniss zwischen Originalredaction und Überarbeitung wird sich noch bei vielen anderen Gedichten herausstellen. Ich begnüge mich, auf die Untersuchung Kraacks über die »Croisade contre les Albigeois« hinzuweisen, deren Ergebnisse auf ein ganz analoges Resultat hinauslaufen, wie die vorstehende Untersuchung.

Abkürzungen.

s. = Substantiv.	v. = Vocativ.	fut. = Futurum.
a. = Adjectiv.	m. = Masculinum.	pf. = Perfectum.
pron. = Pronomen.	f. = Femininum.	p. = Participium.
npr. = Eigenname.	i. = Indicativ.	ger. = Gerundium.
sg. = Singularis.	c. = Conjunctiv.	adv. = Adverbium.
pl. = Pluralis.	imper. = Imperativ.	num. = Zahlwort.
n. = Nominativ.	pr. = Präsens.	conj. = Conjunction.
o. = Obliquus.	imp. = Imperfectum.	part. = Partikel.